대전환
시 대,

학교를
말하다

대전환시대, 학교를 말하다

성기선 대담

교사, 학생, 학부모가
함께 찾은
미래 교육 키워드

창비교육

일러두기

이 책의 대담은 2021년 10월 22일(학부모 대담), 11월 27일(교사 대담), 2022년 1월 3일
(학생 대담)에 이루어졌고, 책의 출간 시점에 맞게 내용외 일부를 수정·보완하였다.

차례

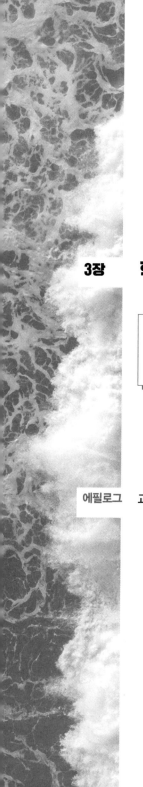

1장

학부모와의 대담

"고교학점제는 트로이의 목마예요. 교육 개혁을 할 수 있는 트로이 목마. 트로이 목마는 큰 잠벽이 있을 때 사용한 전술이에요. 그동안 대입이라는 장벽 앞에서 우리는 좌절하고, 포기하고, 학원만 보내는 식으로 대응해 왔어요. 그런데 이 공교육 틀 안에, 변화를 거부하는 틀 안에 트로이 목마를 집어넣는 거예요. 고교학점제는 고등학교 교육이 나아갈 방향을 정해 줄 겁니다."

대담자 소개

고희정 | 초등학교, 중학교, 고등학교에 다니는 세 자녀를 키우고 있는 엄마다. 현재 거주 중인 곳이 혁신 교육 지구로 지정되어, 세 아이가 모두 혁신학교에 재학 중이라, 일반 학교 경험이 없다.

정희경 | 두 아이를 모두 대학에 보낸 엄마다. 첫째 아이는 혁신 초등학교 졸업 후 일반 중학교에 들어갔으나, 학교생활을 힘들어해 2년 동안 탈학교 생활을 했고, 검정고시를 통해 자립형 사립 고등학교에 진학했다. 둘째는 혁신 초등학교를 거쳐 일반 중고등학교에 진학했다.

최용우 | 고등학교 3학년인 첫째 아이와 중학교 2학년인 둘째 아이를 키우고 있는 아빠다. 첫째 아이는 혁신 초등학교를 거쳐 일반 중학교와 고등학교에 진학하였고, 둘째 아이는 혁신 초등학교를 거쳐 대안 중학교에 진학하였다.

한국교육과정평가원장으로서 에피소드

정희경   교수님 이력 중에 가장 눈에 띄는 것이 한국교육과정평가원장 출신이라는 건데요. 아무래도 수능을 총괄하는 자리라 에피소드가 많으셨겠어요? 기억에 남는 에피소드 하나만 말씀해 주세요.

성기선   우리나라에서는 매년 45만 명 정도의 학생이 수능을 칩니다. 그래서 해마다 수능을 둘러싼 이슈나 에피소드가 발생하고 있어요. 지난 2017년 수능이 포항 지진 때문에 일주일 연기됐지요. 그리고 2020년에 또 한 번 코로나 19로 수능이 연기됐어요. 수능은 1994학년도부터, 그러니까 1993년부터 정해진 날짜에 쭉 실시했던 시험인데, 수능 30년 역사에서 예고되지 않고 재난이나 재앙으로 갑자기 시험일이 연기된 경우가 딱 두 번 있었어요. 하필이면 그 두 번이 모두 제가 평가원장으로 재임할 때였어요. 기억에 남는 에피소드라면 그것이 되겠지만, 그 외에도 수능과 관련된 이슈나 화젯거리는 무척 많지요.

최용우   아무래도 우리나라 사람들에게 수능이 갖는 의미가 굉장히 크기 때문이 아닐까 싶어요.

성기선   맞아요. 우리나라에서는 수능 듣기 평가 시간에 비행기도 못

띄우게 합니다. 지난번에 TV 다큐멘터리를 한 편 봤어요. 한 멧돼지 사냥꾼이 사냥감을 발견했는데, 총이 없더라고요. PD가 왜 사냥총을 안 가져왔냐고 물으니까, 사냥꾼이 오늘은 총을 쏘면 안 되는 날이라고 해요, 수능일이라서. 그 장면을 보고 저는 충격을 받았어요. 그만큼 우리나라 사람들은 수능에 중요한 의미를 부여하고 있구나 생각했어요. 평가원장으로 지내는 3년 반 동안 국민들의 그런 인식을 절실하게 느꼈고, 그래서 관리자로서 아주 민감하고 예민하게 반응했어요. 그렇지만 동시에 학자의 입장에서 '우리 교육이 수능 점수하나에 이렇게까지 예민하게 반응해야 하나?' 하고 회의가 들기도 했고, 비판적인 생각이 들기도 했어요.

정희경 네, 수능 잘 친다고 해서 행복하거나 교육이 잘되었다고 할수도 없을 것 같아요. 교수님이 생각하시는 진정한 교육, 배움과 성장이라는 것은 과연 무엇일까요?

성기선 우리나라의 교육을 이야기할 때 항상 떠오르는 상징적인 장면이 하나 있어요. 2017년 11월 15일의 일인데요. 아까 말씀드렸다시피 이날은 포항에 지진이 일어난 날입니다. 자연재해로 인해 수능을 일주일 연기한다는 발표를 15일 저녁에 하게 됩니다. 그 뒤에 매우 독특한 해프닝이 하나 일어나요. 수능을 하루 앞둔 학생들이 불필요해진 참고서와 문제집 들을 온통 쓰레기통에 버렸다가, 버렸던 자기 책들을 되찾으려고 책더미를 뒤지는 장면을 언론에서 보도했어요. 그 장면이 바로 우리 교육의 민낯이 드러나는 순간이었다고 생각합니다. 지금까지 지식을 배운다는 것은 그냥 교과서의 지식을 외우는 것, 시험을 잘 보기 위해 지식을 습득하는 것, 내신 성적을 잘 받기 위해 지식을 습득하는 것에 불과했다는 거예요. 그래서 그런 지식의 생명 주기는 딱 12년밖에 안 되죠, 수능을 본 날로 끝나니까요. 더이상 의미가 없으니 책 따위야 다 버린다는 거죠. 우리 아이들은 12년 동안 초등학교, 중학교, 고등학교에서 열심히 공부해요. 그런 아이들을 부모님들도 열심히 뒷받침하고, 국가에서도 엄청나게 지원해요. 그러나 그런 과정이 끝난 뒤에야 비로소 우리 아이들이 살아갈 미래가 새로 시작되는 건데, 지식을 배우는 과정이 거기에서 끝난다는 것은 너무나 아쉬운 부분이죠. 우리가 여태껏 소모적인 교육을 해온 게 아닌가 하는 회의가 들기도 해요. 그래서 현재의 우리 교육은 배움과 성장이라는 면에서 제대로 실현되지 않고 있다는 문제의식도 듭니다.

'교육'은 한마디로 미래를 살아갈 수 있는 힘을 기르는 것이라고 생각해요. 모두들 미래가 불확실하다고 이야기하잖아요? 앞으로 10년, 20년 뒤에는 훨씬 더 많은 변화가 일어날 테고, 그만큼 불확실성은 더 커지겠죠. 그럴수록 자신을 찾고 불확실성을 뛰어넘을 수 있는 역량을 갖추도록 하는 교육이 필요해요. 그 속에서도 주체적인 의식을 갖게 하는 그런 교육이 필요한 기죠. 책이나 종이로만 끝나는 지식이 아니라 살아 숨 쉬는, 한시적으로 끝나는 게 아니라 자기 삶에서 지속적으로 성장할 수 있는 밑거름이 되는 교육이 되어야겠지요. 그런 의미에서 보면 우리 교육이 가야 할 길은 아직 멀고도 험하죠.

기초 학력 부진

고희정 불확실한 미래를 살아갈 수 있는 힘을 길러 주는 교육을 하자는 데에는 누구나 동의할 텐데요. 아이를 기르는 입장에서 당장 현실적인 문제를 이야기하지 않을 수 없어요. 주변을 보면 미래를 꿈꾸기는커녕 기초 학력 수준에조차 이르지 못한 아이들도 많거든요. 우리 집 막내는 숙제를 안 해 가니까 선생님이 남겨서 나머지 공부를 시키더라고요. 숙제를 집에서 해결하지 못하면 그런 것이 학력 저하로 이어질까 봐 담임 선생님이 아이를 남겨서 교육시킨 건데요. 저는 그게 인상 깊었고 아주 좋았어요. 그런데 다른 학부모들은 굉장히 민감하게 반응하시더라고요. 숙제 못 해서 남긴 것도 민감한데, 기초 학력 수준에 다다르지 못해 나머지 공부를 했다는 소문이라도 나면 학부모들은 난리가 날 것 같거든요. 그래서 기초 학력 미달자에 대한 대책으로, 꼭 남겨서 공부시키는 형태가 아닌 학부모나 학생이 기분 나쁘지 않게 중간중간에 적절하게 대처하는 방법은 없을까 하는 생각을 했어요.

성기선 코로나 19 때문에 최근에 학습 부진 문제, 기초 학력 미달 문제가 중요한 이슈가 되었어요. '기초학력보장법'이 2021년도에 드디어 국회를 통과했어요. 그 법에는 진단 검사도 하고 지원 센터도 만드는 등 여러 지원책이 명시되어 있죠. 그런데 막상 학교 단위에서 들여다보면 현실은 개별 지도가 어려운 구조잖아요. 한 반에 30명 정도 되는 인원을 교사 1명이 수업하며 진도에서 뒤떨어지는 아이들을 하나하나 다 지도하는 것은 현실적으로 무척 어렵죠. 조금 전에 말씀하신 선생님은 굉장히 성실한 분이지만 학부모 입장에서는 불편한 거죠. 물론 교사들도 고민이 있어요. 교사가 안 해 주면 성실하지 않다고 그러고, 해 주면 또 우리 애만 왜 그러냐고 하니까요.

기초 학력 미달이나 학습 부진 아이들을 지도하기 위해 초등학교에서 한 반에 2명의 교사가 들어간 적도 있어요. 그런데 교사들이 싫어했어요. 두 교사가 수업에 들어가면 일정하게 업무를 나누어야 해요. 한 사람은 담임 교사가 되고, 다른 한 사람은 보조 교사가 되는 거죠. 그런데 담임 교사 입장에서도 자기 수업에 보조 교사가 있으니까 계속 신경이 쓰이고, 보조 교사도 자기가 수업을 주도하지 못하니까 마음이 좋지 않죠. 그래서 학부모나 자원봉사자가 함께 들어가서 지도해 준 적도 있어요. 그런데 학교 문화라는 측면에서 잘 이루어지지 않더라고요.

두 번째는 그런 문제를 해결하기 위해 교원 단체 등에서 학급당 학생 **수를** 20명 이하로 줄여 달라는 주장을 하기두 했어요. 그 이유는 학생 수가 적어야 기초 학력에 대한 맞춤형 개별화 지도가 가능하다는 것이죠. 그런데 우리나라 학생 인구가 계속 줄어들고 있잖아요. 기재부 등 경제 부처에서는 시간이 흘러 학생 수가 줄면 학급당 학생 수도 자연스레 줄어들 텐데 왜 교사를 새로 뽑아 달라고 하느냐고 반대했죠. 학급당 학생 수를 20명쯤으로 줄이려면 전국적으로 약 10만 명의 교사를 새로 충원해야 하거든요. 현실적으로 불가능해서 그런 정책을 집행하기도 어려웠죠.

고희정 그럼 아직까지 기초 학력 미달자에 대한 뚜렷한 해결책은 없는 거네요? 교수님이 생각하시는 좋은 방법은 없을까요?

성기선 저는 초등학교 1~2학년만이라도 학급당 학생 수를 15명 정도로 낮추었으면 해요. 기초 학력 미달자들이 대체로 1~2학년에서 발생하거든요. 3학년쯤 올라가면 교과 내용의 난도가 올라가요. 그 때부터 '학습 포기자'가 생기기 시작한다고도 하지요. 1~2학년 때 기초 학력 수준에 도달하지 못하면 만회하기가 어려운 상태가 돼요. 그래서 1~2학년만이라도 학급당 학생 수를 15명으로 낮추어서 학습 결손이 누적되지 않게 해야 해요. 나이가 들고 학년이 올라가면 그걸 보충할 수 있는 기회가 점점 없어지거든요.

거기다 더해서 학업에 고민이 있는 아이들을 특별 지도할 수 있는 방과 후 프로그램을 만들었으면 좋겠어요. 방과 후 프로그램에 참여하는 자녀가 학부모님들 입장에서 기초 학력 미달자로 보이지 않게 공부 잘하는 아이에게는 심화 학습, 예술에 관심이 많은 아이에게는 예술 학습이라는 이름을 붙여도 좋을 것 같아요. '낙인 효과'가 일어나지 않도록 프로그램 이름을 바꾸고, 인적·물적으로 지원해 주면 단위 학교에서는 돌봄하고도 연결할 수 있을 것 같아요. 굳이 돈 들여서 학원 보내지 않고도 공교육 안에서 해결할 수 있을 거라고 생각합니다.

선행 학습

정희경　초등학교 때 기초 학력 미달 문제는 그렇게 해결할 수 있겠지만, 중학교에서는 조금 다른 문제 같아요. 저희 아이는 중학교에 입학하기 전에 선행 학습을 안 시켰거든요. 학습 동기를 저하시킬 것 같아서 어려서부터 학습지나 사교육은 안 시켰고, 중학교에서도 학교 가서 재미있게 배우기를 원해서 선행 학습 없이 보냈어요. 어느 날은 아이가 수업 시간에 질문을 했다고 합니다. 아직 안 배운 부분이 많았기 때문이죠. 그랬더니 선생님께서 "너는 왜 방과 후 보충 수업을 신청하지 않고, 수업 시간에 자꾸 질문하느냐?"라고 하셨대요. 수업 시간 동안 학교에 있는 것만 해도 힘든데 보충 수업까지 하기는 싫다고 하면서 아이가 좀 힘들어했어요. 선행 학습을 안 한 상태로 중학교를 가니 마치 초등학교 기초 학력 미달자처럼 취급됐으니까요. 점차 학업은 따라잡았지만 사실 학교의 그런 분위기가 싫어서 중학교 2학년 때 학교를 그만두고 2년 동안 혼자서 배울거리를 찾아 다녔어요.

성기선 2002년 월드컵으로 우리나라가 한창 들떠 있을 때 그 당시 서울시에 유인종 교육감님이 계셨는데, 그분이 선행 학습의 효과에 대한 문제의식을 갖고 있었거든요. 그래서 제가 선행 학습의 효과에 대한 연구 과제를 받아서 연구 결과를 보고한 기억이 있어요. 첫 번째 연구 결과는 '선행 학습이 반짝 효과는 있다. 그러나 장기적으로 보면 굉장히 문제가 많다.'는 것이었고, 두 번째는 '선행 학습을 통해서 본 수업이 완전히 몰락하고 있다.'는 것이었어요. 선행 학습을 하니 수업 내용에 흥미도 관심도 없고 어떤 질문도 없게 되었거든요. 그렇잖아요? 처음 보면 몰라서 궁금해하며 호기심이 솟아야 하는데, 학교에서 그 단원을 수업할 때쯤이면 학원에서 벌써 네댓 번을 반복하고 온 거예요. 아이들은 많이 봐서 익숙하니까 마치 다 아는 것처럼 생각하지만 깊이 있게 이해를 못한 거죠. 선행 학습은 그냥 속도에 불과한 거예요.

정희경 중학교에 올라가면 사실 선행 학습을 해 오는 것이 기초가 되어 버리는데, 선행 학습을 하지 않은 아이들이 중학교에서도 또는 고등학교에서도 잘 적응하도록 도와줄 방법은 없는지 궁금합니다.

성기선 '공교육 정상화법'(공교육 정상화 촉진 및 선행 교육 규제에 관한 특별법)이라는 게 있습니다. 법이 현실을 다 제어할 수는 없지만 지금도 교육청이나 평가원에서는 일선 학교에서 출제된 시험 문제를 걷어서 해당 학년의 교과 수준에 맞는 문제인지 아닌지 체크하고 있어요. 물론 모든 시험 문제를 체크할 수는 없지만, 주요한 시험에 나오는 문제들은 공교육 정상화 법안을 위반했는지 해마다 확인하고, 잘못이 있다면 지적하고, 때론 벌점도 부과합니다. 일례로 Y대 같은 경우에는 대입 면접 구술 고사, 논술 고사에서 '공교육 정상화법' 위반으로 입학 정원을 축소당한 적이 있어요. 굉장히 심각한 제재였죠.

고희정 여하튼 선행 학습 자체가 학부모들에게는 아직도 굉장히 중요한 불안 요소예요. 우리 애는 1~2단원을 공부하고 있는데, 옆집 애는 그다음 단원, 그다음 학년 걸 배우고 있을 때, 웬만한 학부모들은 '그래? 그럼 우리 애도 더 시켜야지.' 하고 생각할 수밖에 없어요. 토끼하고 거북이가 달리기하듯이 먼저 달려서 도착하는 사람이 이기는 그런 경쟁 시스템이 현재 교육인 것 같아요.

성기선 우리가 어디까지 경쟁을 막을 수 있을지 예측하는 건 쉽지 않은 일일 테지만, 적어도 공교육에서는 그렇게 하면 안 되죠. 기초가 다 되어 있다고 생각하고 그냥 나아가면 그 걱치기 학교 교육을 통해서 점점 더 벌어지는 거예요. 회복할 수 없는 격차, 우리나라만 그런 게 아니라 전 세계적인 현상이에요. 미국이나 유럽의 연구자들도 내린 결론은 '초 3 때 생긴 격차를 학교가 손을 못 댄다.'는 거예요. 그래서 예전에는 공부 잘하는 집단, 즉 한 연령층의 10~15퍼센트만 대학을 보내자는 '어빌리티 그룹(ability group)'이라는 개념도 있었어요. 나머지는 굳이 대학을 안 가도 된다는 말이죠. 그러다가 시간이 지나서 캐롤(J. Carroll)이라는 학자의 말이 주목받기 시작했어요. 캐롤은 학습에서는 '능력의 차이가 시간의 문제'라고 이야기했어요. 그래서 '학습 속진자(速進者)가 있고 학습 지진자(遲進者)가 있다. 어떤 사람은 주어진 시간 안에 빨리 해결하는 반면에 어떤 사람은 학습 속도가 늦다.'는 거예요. 그 격차가 많게는 5배 정도 된대요. 그래서 충분한 시간을 주고 환경을 제공하면 누구나 일정한 성취에 도달할 수 있는 능력을 갖고 있다고 말했어요. 인간을 보는 시각이 그렇게 바뀐 거죠.

정희경 지금 우리 공교육은 똑같은 속도로 똑같은 내용을 모든 학생들한테 부여하다 보니까 그 속도 때문에 못 따라오는 아이들이 생기잖아요. 이 아이들을 같이 끌고 가야 되는데 공교육은 도저히 그렇게 갈 수 있는 시스템이 아닌 거 같아요.

성기선 제가 이렇게 비유하고는 합니다. 모든 아이들을 KTX에 태

워서 서울에서 부산까지 가는 것과 같다고요. 서울에서 부산까지 가다 보면 중간에 하차하는 아이들이 많이 생겨요. 영등포역에서 하차하고, 천안아산역에서 하차하고, 동대구역에서 하차하고…… 아이들은 잠시 하차했는데 그다음 차는 안 오는 거예요. KTX는 벌써 종착지인 부산역에 도착했지만 중간 역에 하차자들이 많이 생겼죠. 지금은 이 아이들을 다 탈락시키고 한 30퍼센트만 살아남는 교육을 하고 있는 거예요. 그러면 70퍼센트 아이들을 어떻게 할 건가를 정말 치밀하게 고민해야 하죠. 초등학교 1학년부터 고등학교 3학년까지 같은 속도로 가서는 안 되는 거죠. 좀 빨리 갈 친구들은 빨리 가게 하고, 나머지 친구들은 그 속도에 못 맞추더라도 계속 스스로 학습할 수 있는 기회를 부여해 줘야 되는데, 현재 우리 공교육은 그런 면에서 좀 부족하죠.

『15,000시간(Fifteen Thousand Hours)』이라는 책이 있어요. 심리학자 마이클 루터(Michael Rutter)가 지은 책인데, 영국 초등학교에서 고등학교 졸업 때까지 수업 시간을 헤아려 보니 약 15,000시간이 된다더군요. 한번 생각해 보세요. 어떤 학생은 15,000시간 동안 학습의 즐거움, 공부의 즐거움, 새로운 앎에 대한 희열을 느끼면서 가는데, 아까 이야기한 70퍼센트 아이들은 15,000시간 동안 엎드려 자야되는 거예요. 계산해 보니까 우리나라는 20,000시간이 넘어요. 거기에 대체로 학원까지 다니니까 한 30,000시간을, 영국 아이들보다 2배 이상의 시간을 학습 활동에 참여하는데, 그 30,000시간 동안 졸업장을 따는 것이 보호자에게 할 수 있는 최소한의 효도라고 생각하고 그냥 앉아 있는 거예요. '투명 인간'이라고도 하고 '유령'이라고도 합니다. 존재하지만 아무도 그 존재를 알아주지 못하는 그런 아이들이 점점 늘어나 고 3까지 간다는 것은 비극이에요. 진도 위주의 교육, 속도 위주의 교육, 문제 풀이 위주의 교육이 현재 초등학교와 중학교에서는 그래도 많이 완화됐어요. 그런데 고등학교는 수능과 입시라는 벽에 막혀서 미래를 살아갈 수 있는 역량을 배우는 교육, 기쁘게 살아갈 수 있는 힘을 길러 주는 교육을 하기 어렵게 됐어요. 지금도 그 방향으로 가려고 제도적으로 노력하고 있지만, 사실 제도와 우리의 인식하고는 아직 좀 안 맞는 부분이 있죠. 그 격차를 줄이기 위해 계속 노력해야 되겠지요.

수능과 내신의 문제

최용우 제 큰아이가 고 3이라서 이런 생각을 하는지 모르겠지만, 제가 학생이었을 때는 한 반에 60~70명씩 공부하고, 그것도 모자라 오전반·오후반도 있었고, 주간반·야간반도 있었어요. 물론 학교가 부족한 이유도 있었지만 기본적으로 인구가 많았지요. 그래서 수치상으로는 그때의 입시 경쟁률이 지금의 경쟁률보다 훨씬 높았지요. 하지만 체감하는 경쟁률은 지금이 몇 배 몇십 배 더 높은 것 같아요. 그 이유가 무엇일지 생각해 봤어요. '인구는 계속 주는데 경쟁률은 왜 더 치열해진다고 느낄까?' 아마도 획일적 교육 환경과 심해지는 경쟁 구조 때문인 것 같아요. 아이들은 다 다르잖아요. 인성, 본성, 환경, 체력, 삶의 모습도 다 다른데 거의 똑같은 교육을 받아요. 그것도 의무에 가깝게 배우는 구조이지요. 저는 그것이 모순이라고 봐요. '난 수학이 정말 싫은데 수학 공부를 해야 되나?', '기초 학력이 삶을 살아가는 데 어떤 도움을 주지?', '대학을 안 가면 살 수가 없나?' 우리가 인간으로서 사회인으로서 삶을 살아가는 데 꼭 필요한 배움과 성장을 무엇으로 봐야 하는지에 대한 관점이 바뀌지 않으면 계속해서 경쟁은 더 치열해질 것 같아요. 문제는 경쟁이 더 치열해지다 보니, 변별력을 줘야 한다는 거예요. 변별력을 줘야 하니 자연스레 시험 문제의 난도도 굉장히 높아지고, 그 문제를 풀기 위해 선행 학습을 하고 사교육을 받아야 하는 악순환에 놓여 있는 것 같아요. 그건 상위권 아이들보다 중상위권 아이들이 더 심한 것 같아요. 좋은 내신 등급을 받기 위해서 상위권보다 몇 곱절 더 많은 아이들이 경쟁을 하고 있으니까요. 100명에서 10명 추리는 것보다 10,000명에서 10명 추리는 게 더 힘든 일이거든요.

성기선 그 고민에 저도 공감합니다. 수능 수학 문제에 일반적으로 '킬러 문항'으로 불리는 초고난도 문항이 두 개쯤 있어요. 초고난도 문항을 줄여 달라는 시민 단체와 현장의 요구가 지속적으로 있었지요. 그래서 연구진들을 모아서 '출제 문항에 난도를 주는 건 좋은데 교육 과정 범위를 넘어서는 문항을 출제해서는 안 된다.'고 요구했죠. 그런데 이 출제진은 교육 과정의 범위를 넘어선 게 아니라, 여러 수학적 하위 요소들을 종합하여 문제를 출제했다는 거예요. 예를 들어 확률 문제라면 확률만 알아서 풀 수 있는 문제가 아니라 미분, 기하와 같은 요소들을 종합한 문항이라는 것이죠. 그런 문제를 왜 내느냐고 물으면 변별력 때문이라고 해요. 그런데 그 두 문항을 풀면 의대나 상급 대학을 갈 수 있고, 못 풀면 못 가요. 단 그 두 문항 때문에요. 그래서 저는 전체를 한꺼번에 바꾸기 어렵다면 소소한 부분부터 바꿔 나가면 좋을 것 같아요. 초고난도 문항이 2개라면 그 대신 고난도 2문항을 출제하면 되지 않을까 해요. 좀처럼 풀기 어려운 두 문제 때문에 원하는 대학에 갈 수 없는 현실은 막아야죠.

최용우 내신도 문제가 있는 것 같아요. 고교학점제와 관련된 이야기일 수도 있겠는데요. 아이들이 과목을 선택하는 기준은 무조건 '내가 점수를 잘 받을 수 있을까?', '내신에서 좋은 등급을 받을 수 있을까?' 예요. 소수의 1~2등급 아이들만 자신이 원하는 과목을 선택할 수 있고, 대다수의 아이들은 좋은 등급을 받기 위해 눈치 싸움을 하고 있는 거예요. 그래서 또 사교육을 받고, 사교육이 대한민국 교육을 이끌어 가는 것 같아요. 교육 당국에서는 사교육이 문제라고 하는데, 잘못된 대입 제도와 교육 정책 탓이 크지, 사교육만의 책임은 아니라고 생각해요. 흔히 대한민국 사회에서 말하는 좋은 대학은 서울에 있는 15개로 좁혀졌더라고요. 그런데 이 대학에 가려면 유치원 때부터 준비해야 갈 수 있대요. 저는 우리 아이가 혁신학교 활동을 하면서 사교육을 많이 안 받게 했어요. 아이에 대한 믿음과 신뢰가 있었고, 아이는 꿈과 이상이 있었으니까요. 아이에게 그렇게 해 주는 게 옳은 방향이라고 생각했어요. 그런데 시간이 지나면서 조금씩 불안해졌어요. 다른 학부모들도 그렇게 말하더라고요. 사교육을 미리 시켰어야 했다고요.

성기선 앞서 이야기한 것처럼 한꺼번에 전체 틀을 확 바꾸지는 못하지만, 작은 부분부터 바꿀 수는 있다고 생각해요. 지금 내신이나 수능은 모두 상대 평가잖아요. 1등급 4퍼센트, 2등급 11퍼센트, 3등급 23퍼센트. 한 문제만 실수해도 등급 바깥으로 밀리는 거예요. 이렇게 실력이 아니라 실수로 점수를 매겼다면 진정한 평가가 아니죠. 영어와 한국사는 지금 절대 평가를 하고 있잖아요. 영어도 엄밀한 의미에서는 절대 평가가 아니라 상대 평가를 응용한 수준이지만요. 1등급이 한 8~9퍼센트 정도가 나오도록 느슨하게 해 주면 사교육이 좀 덜하지 않을까요? 그렇게 되면 당연히 수능의 기능이나 역할을 상당히 바꿔야 되겠지요. 그러니까 지금 입시 제도는 2027학년도까지 약속된 거니까 바꿀 수 없어요. '대입 4년 예고제'라는 게 있잖아요. 중3 때 이미 자기가 시험 칠 대입 제도의 틀이 정해져 있는 거라, 고등학교 1~2학년 때 그것 바꿔 버리면 난리 니겠지요.

정희경 한쪽에서는 공정성을 위해서 입시 때 수능만 100퍼센트 반영하자는 주장도 있어요.

성기선 물론 정치권에서 정시 100퍼센트를 주장하는 사람들도 있고, 수능 100퍼센트를 주장하는 사람도 있어요. 그런데 이게 난센스인 게, 한번 생각해 보세요. 2022년 3월에 어느 대선 후보가 입시 공정성 확보를 위해 수능만 100퍼센트 반영하자고 이야기했다고 쳐요. 그런데 '대입 4년 예고제'가 있으니, 4년 후인 2026년 가을에 치는 2027학년도 수능까지는 기존 대입 제도를 유지할 거예요. 그런데 차기 대통령 재임 기간이 2022년부터 2027년 봄까지니, 곧바로 대입 제도를 개편한다고 쳐도, 결국 집권 시기 내에 딱 한 해만 가능한 입시 제도를 주장하는 셈이에요. 또 아시다시피 2025학년도부터 고교학점제가 전면 도입되죠. 그러면 공통 과목이 없어져요. 물론 1학년 때 8과목 정도 공통 과목을 배우겠죠. 그 뒤에는 수학이 싫으면 안 해도 되고, 영어가 싫으면 안 해도 돼요. 그게 원래 고교학점제의 취지니까요. 그런데 그렇게 되면 수능만 100퍼센트 반영하겠다는 입시 제도와는 아주 모순되죠. 그렇게 한다면 모두 다 국어, 영어, 수학, 사회 탐구, 과학 탐구의 심화 과목만 들을 테니까요. 고교학점제의 취지는 주요 과목 중 심화 공부할 사람은 그에 맞춰 공부하고, 또 다른 역량을 개발할 사람에게는 다양한 선택지를 줘야 한다는 거예요. 그렇다면 거기에 맞는 대입 제도가 붙어 줘야 되지요. 지금의 오지선다형의 상대 평가식 수능과 같은 시스템으로는 안 돼요.

고희정 그럼 수능과 같은 입시 제도가 어떻게 바뀌어야 할까요?

성기선 아마 수능이 이원화될 가능성이 높아요. 기초 과목, 공통 과목에 대한 시험을 고등학교 2학년 때쯤 칠 수 있죠. 이른바 우리가 요구하는 자격 고사 형태로요. 그다음에 상위권이나 경쟁률이 높은 대학교에서는 그것만 가지고는 선별을 못 하니까 '수능 Ⅱ' 정도를 추가적으로 칠 수 있을 것 같아요. '수능 Ⅱ'라는 이름이 어울리지 않겠지만, 예전 서술식·논술식 방식이라고 생각해도 좋을 것 같아요. 대신 대학별이 아니라 공동 출제하는 방식으로 하자는 이야기들이 나오고 있어요. 논리상 그렇게 될 수밖에 없거든요. 시험 제도가 바뀌지 않는 한 이야기하신 것처럼, 지금까지 혁신학교를 통해 아이들을 성장시키기 위해 노력한 것들이 결국 마지막 벽인 수능이나 대입 제도에 부딪혀서 땅을 치며 후회하는 딜레마가 발생하게 될 테니까요.

그런데 지금도 전국 대학에서 수시 전형으로 정원의 70퍼센트 정도의 학생을 뽑아요. 15개 대학이 정시 비중을 40퍼센트까지 늘린다고 하지만 현재 30퍼센트 조금 넘고, 여전히 60~70퍼센트는 수시 전형으로 모집해요. 수시 전형은 매우 다양해서 혁신학교 출신이나 경험이 풍부한 아이들이 합격할 확률이 훨씬 높아요. 대학에서 학생을 선발하다 보면 학생들의 수능이나 내신 성적은 다 그만그만해요. 그런데 막상 면접을 보거나 또 다른 특성을 평가하면 매우 뛰어난 아이들이 있어요. 보석과 같은 아이들이죠. 지금 제 수업 시간에도 혁신학교 졸업생들이 몇 명 있더라고요. 그 학생들이 발표할 때 살펴보면 뛰어난 점도 보이고 자기주장도 있더라고요. 그래서 혁신학교가 그냥 허상이 아니라 아이들에게 굉장히 큰 힘을 주고 있구나 생각을 했어요.

혁신학교 가면 공부 안 한다?

고희정 학부모들이라면 공감하실 텐데, '혁신학교를 가면 공부를 안한다. 학업 성취도가 떨어진다.'는 말을 여전히 많이 해요. 실제로 일반 학교 다니는 아이는 수업 시간에 많은 걸 배우는 것 같은데 혁신학교 다니는 아이들은 그냥 신나게 놀고 온 것 같거든요. 아이 가진학부모 입장에선 상당히 불안하죠. 이런 격차가 지속될까 봐.

성기선 혁신학교가 공부를 안 한다는 말은 잘못된 평가인 것 같아요. 아니면 혁신학교 운영을 잘못했다고 볼 수도 있고요. 이론적으로 보면 혁신학교의 수업 방식으로 공부하면 잘해야 돼요. 혁신학교에서는 아이들에게 책을 많이 읽히고, 스스로 경험하게 하고, 발표도 하게 하고, 새로운 아이디어를 짜내게 하고, 자기들끼리 창의적인 이야기를 주고받게 해요. 이게 진정한 교육이고 그걸 통해서 나온 결과가 학력이라는 개념이지요. 물론 선행 학습을 한 국어, 수학 문제 잘 푸는 애들과 비교하니, 혁신학교에 대해 불안하게 생각하겠지요. 그런데 과연 선행 학습으로 성적이 올라가고 대학에 잘 갈까요? 사실은 학교 교육에서 배운 다양한 경험들과 지식들을 연결할 수 있는 교육이 더 큰 힘이 될 겁니다.

그럼에도 불구하고 혁신학교에서 배우는 것이 부족하다면 혁신학교 운영 방식을 바꿔야 합니다. 혁신학교야말로 탄탄한 기본 교육 과정을 갖고 있어야 되고, 거기에 더해서 일반 학교에서 하지 못하는 아이들이 주체가 되는 교육을 해야 합니다. 지금까지 혁신학교가 양적으로는 확대되고, 하나의 운동 차원에서 이어져 왔는데, 바람만 일으킬 것이 아니라 방금 이야기하신 것처럼 현실적인 요구도 충분히 소화할 수 있어야겠습니다.

고교학점제는 트로이의 목마

정희경   초등학교나 중학교의 경우 혁신학교나 자유 학기제, 자유 학년제를 통해서 다양한 수업들이 가능한데, 고등학교로 진학하면 입시라는 벽 때문에 그런 수업이 불가능해요. 이제 고등학교도 바뀌어야 할 텐데요.

성기선   저는 그 문제를 해결하는 길이 고교학점제라고 생각해요. 제

가 2017년도부터 고교학점제 정책에 계속 관여하고 고교학점제 지원 센터도 운영했었는데, 사람들이 그러더군요. '그게 되겠어? 안 될 거야. 지금 이런 입시 구조에서 고교학점제를 어떻게 시행하냐?'. 그래서 제가 말했어요. '고교학점제는 트로이 목마다. 교육 개혁을 할 수 있는 트로이 목마.' 트로이 목마는 큰 장벽이 있을 때 사용한 전술이에요. 대입이라는 장벽 앞에서 우리는 좌절하고, 포기하고, 학원만 보내는 식으로 대응해 왔어요. 그런데 이 공교육 틀 안에, 변화를 거부하는 틀 안에 트로이 목마를 집어넣는 거예요. 고교학점제는 고등학교 교육이 나아갈 방향을 정해 줄 겁니다. 처음에는 '그것 뭐 별것 아니니까 그냥 하자.'고 생각하겠지요. 교육 과정만 조금 바꾸면 되는 줄 알겠지요. 그런데 가만히 들여다보니까 고교학점제를 성공시키기 위해서는 여러 가지를 다 바꿔야 돼요. 교사, 공간, 교육 과정, 평가…… 이 모든 것을 바꿔야 돼요. 지금도 계속 진행되는데, 2023년도에 확대하고 2025년도에 본격 시행한다고 발표했잖아요. 여전히 부정적인 인식이 많아요. 입시 제도도 안 바뀌었는데 어떻게 고등학교 교육 과정을 바꾸느냐 하면서요. 그런데 입시 제도가 안 바뀌었으니까 못 바꾼다는 말은 선후가 바뀐 거예요. 이 제도가 정착되면 입시 제도는 그에 맞게 따라와야 하는 겁니다.

우리 교육은 입시와 평가에 항상 압도당해 왔잖아요. 이론적으로 살펴보면 교육 목표가 상위에 있고, 그다음에 교육 과정이 있고, 그 하위에 교육에 관한 평가가 있습니다. 그러니까 교육 과정을 통해 교육 목표를 잘 달성했느냐를 평가하는 게 맞는데, 평가가 우선시되니까 평가할 수 있는 것만, 즉 시험에 나오는 것만 가르치고 시험에 나오지 않는 건 전부 버려 버렸어요. 시험 중심의 교육 목표가 설정된 거예요. 본말전도 현상이 굉장히 심각하죠. 우리가 고교학점제가 제대로 안착되도록 노력하고 지원하면 자연스럽게 거기에 적합한 평가 방식이 따라오게 되고, 우리 교육이 바로잡히겠죠. 고교학점제가 우리 교육을 바로잡는 기회가 될 거라고 생각합니다.

최용우　입시와 평가는 고등학교 교육 과정이 어떠하냐에 따라 달라질 수도 있겠지만, 중요한 건 대학의 입장인 것 같아요. 누구나 좋은 직업을 얻기 위해 상위권 대학에 진학하려고 하고요. 그에 따라 대학도 취업이라는 장벽에 잘 대응할 수 있는 학생들을 선발하기 위해 그에 맞는 평가를 하려고 할 거고요.

성기선　교육 문제는 항상 사회와 밀접하게 관련되어 있습니다. 지금 말씀하신 것처럼 경쟁, 학벌, 대학, 진로…… 이런 문제가 공교육 공간인 학교 안에서만 해결할 수 없다는 건 분명해요. 서구에서는 고등학교만 졸업해도 전문 분야에서는 타 분야 대졸자보다 급여를 더 많이 받기도 하고, 사회적 평판 면에서도 차별을 받지 않아요. 그러니까 굳이 대학을 갈 필요가 없는 거죠. 우리나라는 1945년 광복 때 고등학교 진학률이 1퍼센트도 안 됐어요. 지금은 해당 연령대의 대학 진학률이 70퍼센트가 넘어요. 북미가 한 45~50퍼센트 되고요. 유럽이 30~40퍼센트쯤 돼요. 그러니까 우리나라 대학 진학률은 세계 최고 수준입니다. 그 짧은 시간에 그렇게 급격하게 올라간 이유는 뭘까요? 지금 말씀하신 것처럼 우리가 '학벌 사회'를 공고히 유지해 왔기 때문이에요. 그 전의 학벌 사회는 초·중·고·대, 이 학교 급 간의 차이에 의한 차별이었어요. 대학을 졸업한 사람들을 우대해 주고, 고등학교만 졸업한 사람들은 상대적으로 가치를 인정해 주지 않았죠. 그러니까 어떻게든 대학이라도 가야 되겠다는 인식이 강했는데 이제는 대학도 '이중 시장'처럼 됐어요. 중심부와 주변부로 나누어지고, 중심부 경쟁은 더 치열해졌어요. 그 문제를 해소하기 위한 방안들을 사회적으로 고민해야 됩니다. 학력 간의 임금 차이를 줄여야 되고, 취업을 할 때도 졸업장이나 출신 학교를 보지 않도록 해야 해요. 시민 사회 단체에서도 관련 법안을 준비하고 있다고 들었어요.

현재도 공공 기관에서는 블라인드 채용을 많이 해요. 합격자들을 살펴보면 아까 이야기한 15개 대학 이외의 학생들도 많이 있어요. 아직까지는 학벌 이슈가 중요하지만 예상하건대 10~20년 안에는 대학 졸업장이 별 힘을 못 쓸 겁니다. 이제 다음 세대는 자기가 하는 공부가 미래 사회에 맞는지 고민을 해야 해요. 그걸 공부하는 데 대학이 필요하면 대학 가서 공부해야겠지만, 굳이 안 가더라도 학습할 수 있는 수단은 지금도 널려 있어요. 그러다 보면 학교 교육의 위상이 상당히 약화되면서 학교 교육의 기능도 바뀔 거라고 생각해요. 물론 장기적인 예측이지만 지금과 같이 어느 대학 출신인지는 별로 중요하지 않을 거라 생각해요. 예전에는 대학 이름이 그 아이의 인생을 70퍼센트 정도 결정했다면, 앞으로는 30퍼센트, 20퍼센트로 계속 낮아질 수밖에 없어요. 다른 변수들이 더 많을 테니까요.

미래의 교육 환경 변화

고희정 앞으로는 대학의 위상보다 개인의 능력이 우선시되어야 하고 학교 교육의 기능이 바뀌어야 한다는 말씀에 동감합니다. 학부모 입장에서도 아이의 미래를 생각하며 교육을 설계해야 하거든요. 그럼, 미래의 학교나 환경은 어떻게 바뀔까요?

성기선 한번 생각해 보시죠. 이제는 지식을 휴대폰에서 찾을 수 있고 AI가 작동하는 시대가 되었지요. 또 우리 삶의 상당 부분을 기계에 의존하는 시대가 오고 있어요. 그렇다면 과연 우리는 어떤 걸 해야 할까요? 저는 앞으로 교육과 학교는 이렇게 바뀌어야 된다고 생각해요. 학교는 '러닝 파크(learning park)'나 '러닝 빌리지(learning village)'가 되는 거예요. 등교와 하교 시간, 담벼락도 모두 사라질 겁니다. 교과서도 디지털 교과서로 바뀌고 자유 발행제로 전환될 거예요. 교과서 자유 발행제가 되면 교육 과정의 범위도 굉장히 확대될 것이고요. 학교의 경계도 없어져서 아침에 이 학교 갔다가 점심때쯤 저쪽 학교 수업을 들어도 되고, 집에서 온라인으로 밤늦게 수업을 들어도 될 것입니다.

시간과 공간의 개념이 지금과는 완전히 달라지기 때문에 학교의 기능이 바뀔 수밖에 없습니다. '교육의 시대'에서 '학습의 시대'로 변화하고 있어요. '가르침의 공간'이 아니라, 이제는 '배움의 공간'으로 학교가 변화해야 돼요. 그리고 가르치는 교사 중심의 학교 설계, 구조, 정책이 배우는 학생 중심으로 바뀌어야 해요. 현재는 과도기에 있다고 생각합니다.

최용우 교수님께서 말씀하시는 미래의 학교에서 우리 아이들이 학습할 모습을 떠올려 보니 흥분되고 기대가 됩니다. 그런 미래를 만들기 위해서는 대한민국에서 학교의 역할이 무엇인지 지속적으로 많은 사람들이 묻고 확인해야 된다고 생각합니다. 저는 좋은 학교는 아이들의 이야기가 풍성한 곳이라고 생각해요. 아까 말씀드렸다시피 저희 큰아이는 고 3이에요. 큰아이한테 물어요. 학교 이야기 좀 해 보라고, 교실 이야기 좀 해 보라고요. 근데 그 아이는 해 줄 이야기가 없대요. 대한민국에서 고등학교는 그런 것 같아요. 그런데 둘째 아이는 조금 달라요. 둘째는 대안 교육을 시키고 있는데, 만나면 할 이야기가 너무 많아요. 이번 자주 학습에 음악 작곡을 준비하고 있다느니, 이런 장르의 음악을 하고 싶다느니, 음악 이야기부터 해서 수업 이야기까지, 교육 과정 이야기부터 친구들 이야기까지 말이 아주 많아요. 큰아이와는 매우 다른데, 아이와 부모가 나눌 이야기가 없다는 것은 선생님과 아이가 나눌 이야기도 없는 것이고, 아이와 친구들도 나눌 이야기가 없는 거라고 감히 예측을 합니다.

우리의 고등학교는 주요 대학을 가는, 한 반에 1~2명쯤 되는 소수의 아이들을 위해서 존재하는 것이 아닌가 생각합니다. 상위 대학을 가지 못하는 다수의 아이들은 아웃사이더가 될 수밖에 없는 배움의 구조예요. 이거는 아무리 봐도 합리적이지 못해요. 소수보다는 다수를 이롭게 하는 것이 상식인데, 학교라는 배움의 공간이 소수의 사람만을 이롭게 하는 활동을 하는 것은 옳지 않다고 생각합니다.

제가 개인적으로 좋아하는 아이가 있어요. 그 아이가 고 3이 되어서 오랜만에 전화를 했지요. "수능 준비하느라 힘들지?" 그랬더니 아이가 버럭 화를 내는 거예요. '대한민국 고 3이 모두 대입을 준비한다고 착각하지 마시라.'며 자기는 대학 입학을 준비하지 않는다고 했어요. 순간 섬뜩했지요. 저 또한 당연히 고 3이 되면 대입을 준비한다고 생각하고, 위로의 전화를 건 거였는데, 미안하다고 사과했던 기억이 나는데요. 정말 그런 아이들이 많았으면 좋겠어요. 주체적으로 자기 삶을 계획하고, 아직 계획이 완벽하지 않더라도 두려워하지 않고, 주변에서도 불안하게 생각하지 않는 아이들. 사실 그런 생각은 학교에서 길러 주어야 될 일이라고 생각합니다.

성기선　맞습니다. 지금 혁신학교뿐만 아니라 일반 학교도 현실의 벽을 어떻게 넘을 수 있을까 하는 고민 앞에서 좌절하는 경우가 많아요. 학부모들도 그렇고, 교사들도 마찬가지죠. 어떻게 하면 잘 가르칠까에 대한 고민을 어느 교사가 안 하겠습니까? 아이들 모두를 올바른 방향으로 가르치고 싶은데, 한편에서 성적, 대입, 입시 결과와 같은 이야기를 하니까 교사들도 딜레마에 빠져 있죠. 그러다 보니 초심을 잃어버리고 그냥 애들 성적 올리는 게 지상 과제라고 생각하는 교사들이 많아지게 됐죠. 이런 구조에서 우리는 어떤 문제의식을 가져야 할까 고민하게 됩니다.

학부모의 마음

정희경 교육의 주체로 학생도 있고, 학부모도 있고, 교사와 교육 공무원들도 있잖아요. 저는 교육을 둘러싼 사람들의 입장이 서로 조금씩 다르다고 생각해요. 학생과 학부모는 학교를 지나쳐 가잖아요. 반면에 교사와 교육 공무원은 상대적으로 긴 안목을 가질 수 있죠. 그래서 학부모로서는 조금 더 실용적이고 실질적으로 교육 문제를 바라보게 되더라고요. 교육 제도를 바꾸고 입시 제도를 바꿔야만 내 아이가 편할 거라고, 그게 바뀌기 전까지는 나와 내 아이는 불행할 거라고 생각하면 안 되잖아요. 그게 바뀌기 전에는 원하는 공부를 할 수 없고 원하는 진로를 찾아갈 수 없으면 안 되잖아요. 그러니까 지금의 학교 상황에서도 어떤 꿈을 이루어 나갈 것인가를 고민하는 데 집중해야 한다고 생각해요. 거시 사회를 바꾸기에 우리는 힘이 없거든요. 그렇기 때문에 현재의 상태에서 아이가 어떤 삶을 살고 싶어 하는지에 집중해서 학교를 활용해야 한다고 생각해요. 이때 학교나 교사의 입장이 나와 우리 아이 편이 아니라고 판단되면, 아이에게 미치는 그 영향력을 축소해 주는 게 학부모의 역할이라고 생각해요.

입시가 아이에게 미치는 힘을 빼 주면 아이가 더 건강하게 자랄 수 있는데, 자꾸 입시에 목매서 입시 제도만 비난하면서 있을 필요는 없다고 생각해요. 학부모들도 자꾸 교사 역할을 하면서 아이들을 가르치려 하지 말고, 아이가 가진 내재적인 힘을 이끌어 내 주는 보호

자의 역할을 해야 한다고 생각해요. 학부모가 그렇게 굳건하면 교사와 교육 공무원은 학교를 더 좋은 공간으로 만들 수 있을 텐데, 우리가 자꾸만 교사와 교육 공무원을 비난하고 입시 제도를 비난해서 뭐가 남을까 하고 생각할 때도 있어요.

저는 학교의 힘을 도저히 제가 약화시켜 줄 수 없을 정도로 아이가 거기에 압도되어 있어서 어쩔 수 없이 학교를 빠져나왔어요. 내신을 쫓아가려다 보니까 너무 힘들고, 선행 학습을 한 아이들과 내신 경쟁을 하기 너무 힘들었던 거죠. 2년 뒤에 다시 학교로 돌아갔지만 내신 성적이 좋지 않으니 수시 지원을 할 수 없더라고요. 정시라는 제도도 있어 수능을 준비했고, 학교에서도 배려해 주셔서 정시로 대학을 갔어요. 저는 내 아이 삶의 책임은 내 아이가 100퍼센트 지게 하고, 학부모는 내 아이를 100퍼센트 서포트한다는 입장이면 어떤 제도에서도 행복하고 건강하게 살 수 있을 거라고 생각해요.

성기선 부모 교육이라는 말을 많이 들어 보셨지요? 제가 보기에도 중요한 부분이 학부모의 인식과 자세라고 생각하는데, 혹 동의하시나요? 그럼 학부모는 어떻게 중심을 잡아 줘야 할까요?

고희정 네, 저도 동의하는 게, 아무리 단단한 벽과 같은 제도가 있어도 그 안에서 자기가 하고 싶은 걸 이루려고 노력하면, 그리고 본인이 스스로 바뀌다 보면 나중에 제도도 따라올 거라고 생각하거든요.

그래서 저는 큰아이가 고등학교 진학할 때 가장 먼저 대학교에 갈 건지 안 갈 건지 결정하라고 그랬어요. 그랬더니 미술도 해 보고 댄스도 해 보고 하더라고요. 예체능 쪽으로 관심도 있고 재능도 좀 있어 보였어요. 그러더니 다시 공부가 해 보고 싶다고 해서 지금은 대학 진학을 준비하고 있고요. 이런 식으로 자기가 충분히 선택할 수 있게, 뒤에서 밀어 주고 지지해 주는 게 부모의 역할이라고 생각하는데요. 그럼에도 불구하고 잘못된 입시 제도는 빨리 바뀌었으면 좋겠어요.

성기선 지금 세 분 이야기를 들으면서 부모의 역할에 대해 생각해 봤어요. 교육을 가정에서 하다가 근대 교육이 생기면서 국가가 책임 지게 되었죠. 그러니까 가정에서 해야 될 일, 부모들이 해야 될 역할 이 국가에 상당 부분 위임된 겁니다. 식사도 학교에서 주고, 도덕 교 육과 인간됨에 대해서도 교사가 책임지는 것 등이 그 예죠. 좀 아쉬 운 점 중에 하나가 학부모들은 자기 자녀 중심이에요. 자기 아이의 불만과 문제 중심으로 이 시스템과 제도를 비판해요. 게다가 모든 사 람들이 다 자기 목소리가 있기 때문에 그 요구를 모두 감당하는 것 은 불가능하죠. 그런데 자기 자녀가 대학에 딱 들어가는 순간 더 이 상 교육 문제에 관심이 없어요. 왜냐? 나의 과제는 끝났기 때문에. 학 부모들도 자녀 중심적인 시각에서 교육을 바라보는 시각을 조금 넓 혀서 우리 사회 또는 타인에 대한 고민을 같이해 주었으면 좋겠어요. 특히 초등학교 초반부터 아이의 성장에 대해서 같이 고민할 수 있는 자리가 있으면 좋겠어요. 제도화하기보다는 그런 문화가 일어나서 "모든 아이는 우리의 아이다."라는 인식이 생겼으면 좋겠어요. 사교 육이야 개인이 선택하는 것이지만 공교육은 모든 사람을 위한 제도 잖아요. 그런 제도인데 우리는 여태 너무 개인화해서 생각하지는 않 았나 하는 생각이 듭니다. 그런 고민들을 학부모님들이 이야기해 주 셔서 저도 마음이 좀 편합니다.

맞춤형 교육과 평가

정희경 미래 교육 이야기를 하다 보니, 맞춤형 교육이라는 말이 생각납니다. 교수님이 평가 전문가시니, 평가에 대해 먼저 여쭤 보고 싶어요. 미래 교육에서 맞춤형 평가라는 말을 쓴다면, 학생 개인의 실력에 맞춘 평가라고 생각되지만, 과연 무엇을 평가하는 것인지 궁금하고요. 또 교육 과정에 맞춤형 평가가 언급되고 있는지, 맞춤형 교육이 현재는 어떻게 진행되고 있고, 미래에는 어떻게 되어야 하는지 등에 대해 설명해 주십시오.

성기선 네, 일단 평가에 관해 간단하게 말씀드리면 평가에는 크게 두 가지 방식이 있습니다. '목표 지향 평가'라는 게 있고, '규준 지향 평가'라는 게 있습니다. 목표 지향 평가는 주어진 성취 기준이나 교육 목표를 얼마나 달성했느냐를 평가하는 것으로, 보통 절대 평가라고 부르지요. 그다음에 규준 지향 평가, 즉 상대 평가가 있습니다. 목표 지향 평가에 대해 먼저 말씀드리면, 교육 과정에는 목표에 해당하는 성취 기준이라는 게 있는데, 교과목마다 성취 기준을 학년별로 구분하고 있어요. 예를 들어 수학에서 어떤 목표, 즉 성취 기준이 있다면 교사는 학생이 그 성취 기준에 도달했느냐 안 했느냐를 두고 점수를 매기죠. 이때 모든 학생들의 점수가 A가 될 수도 있고 B가 될 수도 있고 C가 될 수도 있죠. 그런 성취 수준 평가가 최근의 경향이고 앞으로 고교학점제에서도 선택 과목들은 성취 평가제로 하는 걸로 예고되어 있습니다. 반면에 규준 지향 평가, 일명 상대 평가라고 하는 것은 아시다시피 내가 아무리 잘해도 나보다 더 잘하는 아이가 있으면 나는 뒤쳐지게 되어 있어요. 경쟁을 불러일으킬 수밖에 없어서, 친구를 친구로 생각할 수 없고 모두 적이에요. 현재 대학들은 절대 평가와 상대 평가 중 어느 하나를 선택하고 있지 않아요. 상대 평가를 응용한 절대 평가, 절대 평가를 응용한 상대 평가 방식을 취하고 있어서 학생들이 평가에 굉장히 예민하게 반응해요. 배려와 협력, 서로 공존하는 그런 평가가 아니라 '친구가 성장하면 나는 퇴보한다.' 는 상대적 위치를 따지는 평가예요. 그렇기 때문에 우리나라의 교육 제도에서 큰 걸림돌 중에 하나가 이 상대 평가입니다. '내신의 경우 상대 평가를 해야 공정하다.'는 말은 사실 교육의 본령하고는 안 맞는 거잖아요. 초등학교부터 고등학교까지 아무리 좋은 맞춤형 평가 방식을 채택하더라고, '수능 상대 평가'라는 벽이 딱 막고 있으면 아무 소용이 없어집니다. 그래서 이 평가 방식을 어서 빨리 바꿔야겠다는 생각이 듭니다.

최용우 상대 평가를 없애고 절대 평가를 하자고 하면 '변별력을 어떻게 마련할 건가?', 또는 '교사의 평가를 어떻게 믿느냐?' 같은 비판에 부닥쳐요.

성기선 변별력 문제, 교사의 평가 신뢰도 문제 등 많은 문제가 제기될 수 있습니다만, 교육의 전문성과 교사의 전문성을 계속 제고하고 평가 정보와 결과를 투명하게 공개하는 쪽으로 해결할 수 있습니다. 상식적으로 모든 학생들에게 A를 줄 수는 없잖아요? 만약 그렇게 했다면 그 기준이 뭔지를 밝히고, 그것에 대해서 검열하고, 또 그렇게 성적을 부풀린 고등학교는 대학에서 오히려 감점을 주고, 이런 장치들을 보완하면 이 제도가 안착하는 데 도움이 될 거라고 봅니다.

개별 맞춤형 평가를 한다는 것의 기본 전제는 앞서 이야기한 '성취 기준을 바탕으로 해야 한다.'예요. 핀란드의 경우, 점수로 평가하지 않고 성장의 폭을 기록하고 있어요. 학생의 포트폴리오를 만들어서, '얘는 어디에 관심이 있고, 지난 학기보다 어떤 부분에서 더 올라갔고, 어떤 부분은 여전히 문제가 있다.', 이렇게 써 주고 부모도 그걸 모니터링하면서 우리 아이가 어떤 부분이 부족한지, 어떤 부분을 잘하는지 확인할 수 있게 해요. 그것이 개인의 성장 중심 맞춤형 평가라고 생각해요. 평가를 그렇게 해야 그다음 단계에서 아이가 뭘 준비해야 할지 알 수 있잖아요. 정말 안 되면 사교육이라도 시켜야 되잖아요? 저는 사교육 자체가 잘못됐다고 생각하지 않아요. 사교육이 해야 될 역할은 그런 거라고 생각해요.

정희경 말씀을 듣다 보면, 맞춤형 평가가 제대로 되기 위해서는 서술형 평가나 성성적인 평가가 얼마나 정확하고 공정하게 이루어지느냐가 중요할 것 같아요. 그래서 실제 평가를 담당하는 교사가 그에 대한 교육이나 준비가 잘되어 있어야 할 것 같고요. 교사는 전체 아이들을 보기도 하지만 개별 아이들에게 피드백도 잘해 주어야 하잖아요. 맞춤형 평가를 더 강화하는 방향으로 가려면 지금보다 교사의 능력이 더 많이 필요할 것 같아요.

성기선 학부모 입장에서 교사를 바라보는 시각은 다양하겠지만, 저는 확고한 믿음을 가져야 한다고 생각해요. 지금 현직 교사들을 보면 우리가 생각하는 것보다 더 뛰어난 전문성을 갖고 있어요. 다만 교육 과정 운영이나 평가가 외부에 의해 통제되는 경우가 많아 그걸 발현할 수 있는 환경과 기회가 잘 주어지지 않죠. 그러니까 교사의 교육 과정 구성과 평가권이 사실은 많이 훼손되어 있어요. 내가 열심히 가르치고 있는데 어느 날 외부 사설 기관에서 모의고사 평가가 들어와요. 내가 가르친 건 2장까지밖에 안 됐는데 시험 범위는 6~7장까지예요. 그러다 보면 학생들은 불만이 쌓일 테고, 선생님한테 어서 진도 나가 달라고 말하겠죠. 우리에게 도움이 되는 좋은 이야기인지는 알겠는데, 진도를 안 나가면 다음 시험을 또 못 친다는 겁니다. 그러니까 현재는 내가 가르친 걸 내가 평가하는 게 아니라 다른 사람이 평가하고 나는 그 진도에 맞게 쫓아가야 돼요. 그리고 가르쳐야 할 분량도 너무 많아요. 교육 과정이 너무 상세하게 되어 있어서 가르칠 분량이 많다 보니까 수업 시간 안에 그 분량을 채우기 바빠요. 그러니까 다른 좋은 이야기를 할 수가 없어요. 아이들이 어떻게 반응하는지, 어떤 부분에 관심이 있는지 물어볼 시간적인 여유도 없어요. 그래서 문재인 정부 들어서서 교육 과정의 슬림화를 선언했어요. 서울에서 부산까지 KTX를 타고 갈 때도 있지만, 가끔 걷기도 하고 자전거도 타면서 산천에 대해 이야기도 나누다 보면 아이가 정말 뭘 잘하는지 뭘 좋아하는지 알 수 있거든요. 교육 과정의 분량을 줄이고 교사들에게 교육 과정을 재구성할 수 있는 기회와 여유를 많이 줘야 돼요.

미래 교육과 교사의 전문성

최용우 　교육권과 함께 평가권도 교사에게 돌려주어야 한다는 말씀, 그리고 교육 과정을 슬림화해서 교사에게 여유를 주자는 말씀이시죠? 두 의견은 환경이나 제도적으로 보완해야 할 부분 같은데요. 그럼 교사들은 스스로 전문성을 갖기 위해 어떤 노력들을 하고 있나요?

성기선 　요즘 교사들 사이에서 '전문적 학습 공동체'가 굉장히 활성화되었어요. 줄여서 '전학공'이라고 부르던데요. 제가 연수원장일 때 젊은 교사들의 열의에 감동을 많이 받았어요. 단언컨대 지적 능력만 보면 한국의 교사들은 전 세계에서 톱클래스예요. 해당 연령층에서 성적으로 상위 5퍼센트 정도 안에 있는 사람들이 교사가 되기 때문에 지적 능력은 의심할 여지가 없어요. 간혹 학부모들이 실력은 학원 강사들이 더 좋은 거 아니냐고 말을 해요. 원래는 교사들이 더 실력이 뛰어났지만 계속해서 열정을 갖고 가르칠 수 있는 환경도 아니고 지원도 없으니 교사들이 수동적인 자세로 있을 수밖에 없었죠. 그래서 학부모 입장에서는 '교사들이 열의가 없다.', '성의가 없다.', '실력이 없다.'고 생각할 수도 있어요. 앞으로는 교사들이 다시 열정을 갖고 가르칠 수 있게 환경을 만들어 주고 여러 가지 지원도 해 주어야 해요.

정희경 교사가 맞춤형 평가나 맞춤형 교육 과정, 교육 과정 재구성에 대한 역량을 잘 발현할 수 있도록 어떤 지원을 해야 할까요?

성기선 교사 연수도 필요하고, 지원 제도도 갖추어야 되고, 학급당 학생 수도 줄여야 되고, 교과서 학습 분량도 줄여야 되고, 교재 선택권도 부여해 줘야 됩니다. 또 교육 과정을 줄이고, 교육 과정 운영을 자율화해서 학교 단위나 교사 단위에서 재해석할 수 있게 열어 준다면 맞춤형 교육은 훨씬 더 빠르게 진행될 수 있다고 생각해요. 학교 공간도 재구조화하여 개별화 교육이 가능한 공간으로 바꾸어야 하고요. 그에 따라 수업 운영 방식을 바꾸고, 평가도 과정 중심 평가, 성장 중심 평가로 바꾼다면 맞춤형 교육이 가능할 거라고 생각합니다.

고희정 말씀을 듣고 보니, 해결해야 할 과제가 참 많은 것 같아요. 이 모든 걸 극복하고 미래에 우리의 맞춤형 교육이 잘 이루어질 수 있을까요?

성기선 저는 앞으로 더 좋아질 거라고 생각해요. 첫 번째 이유로는 학급당 학생 수가 줄어들고 있기 때문이에요. 과거 학급당 학생 수가 60~70명이던 시절에 비해 지금은 35명 정도 되고, 전국 40퍼센트 정도의 학급은 학급당 학생 수가 20명 미만이에요. 학급당 학생 수를 줄이는 것이 하나의 정책 과정이기도 하지만 자연 감소분이 너무나 커서, 지금도 교사 한 명이 10명, 20명을 가르치는 경우가 많아요. 그럼 개별 수업을 할 수 있잖아요. 교사에게 권한을 주고 개별화 교육을 할 수 있게 여러 가지를 지원해 주면 가능하다고 생각합니다.

두 번째로는 AI가 맞춤형 교육을 가능하게 해 줄 것 같아요. 지금 AI가 초보 단계라서 그렇지, 향후에는 교사가 기본적인 원리를 설명하고 나면 나머지 부분은 AI를 통해서 개별화 교육을 할 수 있게 될 겁니다. 앞서 제가 언급했던 캐롤의 이론에서 '완전 학습'이라는 개념이 있어요. '이 문제를 풀면 몇 번으로 가시오. 못 풀었으면 또 어디로 가시오.', 그렇게 해서 문제 A를 푼 학생들은 B코스로 가고 못 푼 학생들은 A-1, A-2, A-3로 갔다가 결국은 B로 가게 되죠. 그러니까 개개인의 학습 루트를 달리하면, 시간만 조금 더 주면 성취해야 될 기준점에 모두 도달할 수 있다는 것이 완전 학습이라는 이론이에요. 우리나라에서도 그게 반짝 유행하다가 사라졌지만, 이제는 AI가 그것을 가능하게 만들 거예요. 예를 들어서, 미분 문제를 푸는데 미분만 모르는 게 아니라 대수나 기하나 이런 개념을 몰라요. 문제를 풀다 보면 그걸 모르기 때문에 못 푸는 단계가 있잖아요. 그러면 AI를 통해서 모르는 부분이 뭔지를 확인하고, 추가적인 학습을 통해 다음 단계로 넘어가게 할 수 있죠. 꿈같은 이야기처럼 들리겠지만, 국가에서도 지금 그런 계획을 갖고 있습니다.

고교학점제의 필요성과 특성

고희정 생각해 보면 저희 아이들은 초등학교와 중학교에서 수업을 통해 즐겁고 행복한 경험을 한 사례들이 많았어요. 초등학교 3학년 때는 경제와 도덕을 통합해서 유튜브 촬영을 했고 그걸로 대회를 나간 적도 있었어요. 그래서 대회에서 상도 받고 그랬던 기억이 나요. 그때 학부모들이 협심을 했어요. 대회를 나가니 어떤 부분을 지원해 달라고 선생님이 요청을 하셨고, 학부모와 함께 수업을 하다 보니 아이들도 매우 행복해했어요. 아이들이 행복한 모습을 보면서 이런 게 바로 혁신 교육이고 참교육이라고 느꼈는데요. 중학교 올라가서도 자율 동아리 활동을 하며 비슷한 경험을 한 기억이 있어요. 그런데 막상 고등학교에 올라가니까 이런 교육이 연계가 되지 않더라고요. 고등학교에서도 아이들에게 이런 행복한 경험을 심어 주기 위해서는 아까 교수님께서 말씀하신 고교학점제가 대안이 될 거라고 기대되는데요. 고교학점제의 필요성이나 도입 과정, 기대 효과 등에 대해 더 자세하게 설명해 주셨으면 합니다.

성기선　고교학점제는 지금 추진하는 교육 정책 중에서도 가장 기대도 많고, 또 그만큼 우려도 많은 제도라고 생각합니다. 우리는 앞으로 4차 산업 혁명 시대라고 말하는 예측할 수 없는 미래에 대한 준비가 필요하고, 또 줄어드는 학령 인구에 대한 대응도 필요하고, 디지털 세대들이 갖고 있는 다양한 특성을 고려한 교육도 필요합니다. 또 사회의 양극화와 교육 격차, 불평등의 문제가 심각한 문제로 대두되어 이에 대한 교육적 해결도 필요합니다. 이렇게 새로운 역량이 필요한 시대에 우리는 교육 내용과 방법과 형식을 어떻게 바꿀 건가를 고민하게 됐고, 그에 대한 대응으로 2017년부터 고교학점제를 준비하게 되었습니다. 그리고 아시다시피 2025학년도에 본격적으로 도입하기 위해 현재 준비 과정에 있습니다. 2020년부터 마이스터고등학교에서는 시범적으로 고교학점제를 실시하고 있습니다. 현재의 고등학교에서는 학생이 수업 일수만 확보하면 졸업을 할 수 있도록 되어 있습니다. 엎드려 자든 뭘 하든 학교 교실에 붙어 있으면 졸업할 수 있었어요. 그러다 보니 고등학교를 졸업할 때까지 갖추어야 할 성취 기준이나 역량을 갖추지 못해도 졸업을 할 수 있었어요. 그러나 고교학점제하에서는 교과별로 성취 기준에 도달하지 못하면 학점을 미이수하게 되고, 전체 192학점을 이수하지 못하면 졸업을 못 해요. 그것이 고교학점제의 가장 큰 특성입니다. 개인의 진로와 적성을 고려하여 교과목을 선택하고 그 과목에 대한 성취 기준에 도달하는 학생들만 졸업할 수 있다는 것은 바꾸어 말해, 고등학교를 졸업했으면 일정한 성취 기준에 도달했다는 것입니다. 그래서 고교학점제를 통해 기초 학력 미달 문제도 해소할 수 있을 거라고 생각합니다.

정희경 외국 영화를 보면 선생님들은 자기 교실에 있고, 학생들이 교실을 찾아 움직이잖아요? 그런 모습을 상상해도 될까요?

성기선 네, 우리나라의 학교는 교사가 수업 시간마다 바뀌면서 교실로 들어오는 방식이라면, 고교학점제를 적용하는 미국의 고등학교들은 학생들이 교실을 찾아가죠. 그렇다 보니 교실이 굉장히 전문화되어 있습니다. 지리 수업을 하는 교실에 가면 지리에 관련된 온갖 교구재가 교실에 다 갖추어져 있습니다. 지금 우리나라도 그런 스마트 스쿨 사업이 진행되면서 학교 공간이 재구조화되고 있잖아요? 수업 내용과 방법에 따라 공간이 바뀌어야 한다는 미래형 학교의 관점으로 보아, 올바른 방향 같아요. 이렇게 학생들이 움직이다 보니, 학급이라는 개념과 담임 교사라는 제도가 바뀔 수밖에 없습니다. 이럴 때의 장점은 더 이상 다른 아이들을 위해 내가 점수를 '깔아 주지' 않아도 된다는 것입니다. 지금은 내가 관심이 없는 과목임에도 불구하고 앉아서 수업을 듣고 다른 아이들이 상대 평가에서 좋은 점수를 받도록 내가 하위권을 깔아 줬어요. 예를 들어 물리 과목을 좋아하지도 않는데 공통으로 들어야 하니 시간만 때우고 있다가, 시험을 칠 때면 소수의 아이들이 높은 점수를 받게 나는 낮은 점수를 깔아 줘야만 했어요. 개인의 성장과 성숙이라는 진정한 교육의 관점에서 보면 정말 말이 안 되는 현상들을 지금껏 우리는 당연한 것처럼 받아들여 왔어요. 고교학점제 안에서는 자신이 원하는 과목을 개설해 달라고 요구할 수 있고, 또 그런 과목을 골라 듣는다면 앞서 말한 문제점들은 해소할 수 있을 거라고 생각합니다. 물론 여전히 해결해야 할 과제가 많이 남아 있죠.

고교학점제의 평가

최용우 상대 평가 때문에 공부 잘하는 아이들을 위해 못하는 아이들이 희생될 수밖에 없는 교육의 문제점은 정말 공감합니다. 그렇지만 내신 성적이 입시에 반영되기 때문에 학생들 간에 변별은 주어야 할 텐데요. 그럼 고교학점제에서 평가는 어떻게 진행되는 건가요?

성기선 앞서도 조금 이야기했는데, 지금과 같은 내신 구조에서 완전한 성취 평가가 가능하지는 못할 것 같아요. 고등학교 1학년 때 공통 과목들은 완전한 성취 평가가 이루어지진 않고, 성취 평가제와 석차 등급제가 병행 운영될 거예요. 그렇지만 나머지 선택 과목들은 상대평가가 불가능하지요. 과목을 듣는 인원의 규모가 아주 들쭉날쭉할 수밖에 없기 때문입니다. 그렇기 때문에 선택 과목은 성취 기준 달성 여부에 따른 성취 평가제를 적용할 수밖에 없습니다. 그럼 교사들은 성취 기준 달성 여부를 어떻게 판단할 건가에 대한 문제가 제기되죠. 그래서 전국적으로 교육 과정의 성취 기준을 마련하고, 그에 대한 교사 연수를 해서, 동일한 잣대로 학생들을 평가하기 위한 노력들을 해 나가야 해요. 평가의 준거를 마련하고 적용하여 A의 비율을 10퍼센트, B의 비율은 20퍼센트 줬다는 등의 정보를 공개하면 과도한 성적 부풀리기 현상들은 막을 수 있을 거라고 생각해요.

고교학점제에서 중요한 것 중에 하나가 교사의 역할입니다. 다양한 선택 과목이 개설되면 기존과 같은 국어, 영어, 수학 자격 이외에 훨씬 더 다양한 과목의 자격이 필요할 거예요. 예를 들어, 어떤 학생이 AI에 관해 배우고 싶다는데, 교내에 AI를 가르칠 교사가 없어요. 그러면 기술이나 정보 과목 관련 교사들이 대학원이나 연수를 통해 재교육을 받아 AI 과목을 가르칠 수 있도록 자격을 부여해야겠죠. 극단적으로는 도시에 있는 아이가 농사짓는 걸 배우고 싶다고 할 때, 농부가 농사 과목 수업을 해야죠. 농사짓는 데 농부가 전문가지 교사가 전문가는 아니잖아요. 그러면 자격증 없는 농부가 수업을 해도 되느냐에 대한 합의가 필요해요. 물론 교원 단체에서는 그 부분에 대해서 문제를 제기하지만, 전체 영역이 아닌 일정한 특수 영역, 예를 들어 항공 정비와 같은 특수 영역은 전문성이 있는 강사가 수업을 진행하는 게 상식적으로 맞겠죠.

최용우 서울이나 수도권은 교사 수도 많고 전문 강사들도 비교적 풍부하여 선택 과목의 개수도 많을 수 있겠지만, 농어촌이나 외곽 지역의 경우 여러 과목을 개설한다는 게 사실상 불가능하지 않을까요?

성기선 그런 문제 때문에 오히려 교육 격차가 더 벌어질 수 있습니다. 교사 풀(pool)이 풍부하지 않은 농어촌 학교에서는 인근 학교끼리 연합하여 공동 교육 과정을 운영하는 방안도 있습니다. 우리 학교는 과학 쪽으로 특화되어 있고, 옆 학교는 사회 쪽으로 특화되어 있고, 다른 학교는 외국어가 특화되어 있다고 하면, 서로의 프로그램들을 공유해서 학생이 해당 학교에 가서 수업을 들을 수 있도록 해 줘야 합니다. 조금 더 나아가면 지금 우리가 경험하고 있는 원격 수업 형태로 온라인 공동 교육 과정을 운영하는 교육 플랫폼을 만드는 것도 생각해 봐야 합니다. 전국 단위로 만들든 교육청 단위로 만들든, 어떤 학교에 좋은 프로그램이 있다면 플랫폼을 통해 다른 학교 학생들도 수업을 받을 수 있게 하면 좋겠어요. 예전에는 멀리 떨어져 있다고 하는 것이 학교 간 수업 교류의 한계였는데, 코로나 19 대응책으로 이미 검증된 온라인 매체를 활용하면 수업의 다양성을 확보할 수 있다고 믿고 있습니다.

그래서 고교학점제를 겪은 졸업생이 대학 시험을 칠 때는 지금의 수능이나 내신과는 다른 방식으로 입시를 바꿔야 할 것 같아요. 그래야 고교학점제가 살아요. 저는 지난 시간 동안 고교학점제와 관련된 연구도 하고, 정책도 추진하면서 고교학점제 성공의 필요성을 절감했어요. 그래서 저는 온 삶을 다 바쳐서라도 고교학점제가 성공할 수 있는 기반을 마련하고 싶어요. 그렇지 않다면 그동안 힘들게 만든 초등학교와 중학교의 혁신 교육이 모두 물거품이 될 거예요. 미래를 살아갈 아이들의 역량을 키우는 교육이 모두 공염불이 되는 겁니다. 그래서 어떤 일이 있더라도 이 고교학점제가 안착하고 제 궤도에 올라갈 수 있도록 정책적인 지원뿐만 아니라 수많은 노력들을 같이해 나가는 것이 혁신 교육을 마무리하는 단계라고 생각해요. 초등학교부터 시작했던 혁신학교가 성공하고 완성되려면, 고등학교의 교육 과정과 평가 시스템이 변화되고 입시 제도가 바뀌고 학력에 대한 차별도 없어져야 해요. 그렇게만 된다면 우리 국민은 아이들이 하고 싶은 걸 꾸준히 깊이 있게 공부할 수 있는 자랑스러운 교육 제도를 갖게 되는 거예요. 우리나라 일부 사람들은 한국 교육을 부정적으로 평가할 때가 많아요. 그런데 해외 많은 나라에서는 한국의 교육을 많이 부러워합니다. 우리는 개개인의 잠재 능력도 뛰어나고, 교사의 역량도 뛰어나고, IT를 활용한 인프라도 뛰어나요. 또 교육에 대한 학부모나 학생들의 열망은 다른 나라와 비교할 수 없는 정도로 높거든요. 저는 그게 힘이라고 생각해요. 그 에너지는 다른 나라에는 없어요.

문제는 그 에너지를 어떤 식으로 표출하느냐에 따라 달라집니다. 마 그마가 한꺼번에 터지면 화산 폭발과 같은 재앙이 오지만, 서서히 잘 유도해 나가면 엄청난 에너지가 되잖아요. 정책적으로 풀어 나가야 할 숙제지만 이 에너지를 잘 유도해서 선순환되는 구조를 만들어 주 어야 합니다. 그 정점에 고교학점제가 있다고 저는 감히 믿고 있습니 다. 너무 밝은 면만 이야기했나요?

고교학점제에 따른 대입 제도 변화

정희경 잘되면 진짜 좋을 것 같고, 이상적인 방향 같아요. 그런데 현 실적으로 살펴보면 학점 이수라는 것이 그냥 '이수', '미이수'라고만 표시하는 게 아니라, 결국은 대학처럼 ABCDE로 점수를 매기잖아 요? 그럼 학점을 다 이수했지만 평점이 몇 점이냐, 4.3이냐 4.5냐로 또 순위가 매겨질 것 같아요. 대학 진학할 때나 취업할 때 그 몇 점 가지고 등락이 갈라지니 아이들은 수강 신청할 때 점수 잘 주는 과 목을 잡기 위해 새벽부터 일어나 '광클릭'하고 있을 테고요. 지금의 대학도 현실이 그렇거든요. 그래서 자기가 원하는 과목을 선택할지 점수받기 유리한 과목을 선택할지 괴리가 생길 거예요. 입시가 그대 로라면 결국은 점수를 잘 받을 수 있는 쪽을 선택할 것 같고요. 그럼 고교학점제는 무의미해지고 결국 입시는 입시대로 제 갈 길을 갈 것 같아요.

성기선 그런 우려도 있을 수 있습니다. 대학 진학에 유리한 과목 위주로 선택하고 그것을 신청하기 위한 경쟁이 치열해질 수도 있어요. 만약 그런 요구가 많다면 수업을 더 개설하면 해결이 되겠지만, 수요가 많다고 해서 무한정 공급할 수 없는 게 현실이죠. 그래서 저는 고교학점제와 대학 입시는 반드시 연동되어야 한다고 생각해요. 예를 들어 국문과에 들어오는 아이들을 뽑기 위해서는 드라마나 문학 창작, 방송 언어와 같은 과목을 이수한 학생들을 우선적으로 선발해야 되겠죠. 그리고 아이들이 미리 자신의 진로에 맞는 교과목을 이수하도록 대학에서도 그런 아이들을 우선 뽑는다고 선언해야 되겠지요. 그렇게 안 하면 지금처럼 총점 중심으로 학생을 선발하게 될 텐데, 이건 대학 입장에서도 낭비고 손해예요. 대학 일문과에서 학생을 모집할 때 제2외국어를 일본어로 선택한 학생을 우선적으로 선발하는 게 당연한 것 아닌가요? 그런데 지금은 그렇지 않아요. 총점대로 뽑으니까요. 일본에서 살다 온 애가 일본어 학과에 들어가려는데 불합격했어요. 수능 성적이 안 되기 때문에요. 이런 선발 방식 때문에 아이들은 자기가 잘하는 것을 묻어 두게 되고 모두가 평균인이 돼요. 그래서 개성도 없고 특성도 없고 자기의 진로에 대해 고민도 하지 않죠. 고교학점제를 반영한 입시의 변화가 반드시 필요해요.

최용우 고교학점제를 대입 제도와 맞물려서 고민할 때와 아닐 때는 좀 다른 것 같아요. 그것과 연관해서 교수님께 질문을 드리고 싶은

게 지금의 대입 제도에서 수능 최저 등급제라고 있잖아요. 고교학점
제에서도 이수·미이수 또는 ABCDE와 같은 등급이 생길 것 같고요.
고교학점제에 따른 입시의 변화와 지금의 최저 등급제를 연계할 수
없을까 생각해 봤어요.

성기선 지금 입시는 수능과 수시로 나누어져 있죠. 그런데 수시에서
도 수능 최저 등급을 반영하는 내학이 많아요. 그래서 입학 사정을

해 보면 참 애석하게도 학생을 선발할 때 수시의 특성이 싹 사라져요. 수시의 특성을 반영하여 학생을 선발해 놓아도 결국은 수능 최저 등급으로 결정 나니까요. 수시 지원자들 중에 3분의 1가량은 수능 최저 등급에 미달되거든요. 고교학점제가 되면 최저 등급제를 포함한 지금의 수능 방식으로는 평가가 불가능해요. 수능은 고등학교를 졸업할 자격을 검증하는, 즉 기본적인 교과목에 대한 성취 수준을 점검하는 자격 고사로 그 방식이 변화해야 돼요. 지금도 수능을 자격고사로 하자는 주장이 많잖아요. 통과·미통과만 표시해서 통과한 사람들이 대학에 진학할 수 있도록 하자는 거죠. 그다음에 각 대학에서는 전공별로 고교학점제와 연동하여 내신 평가 방식을 다양화할 거예요. 미대 들어가려면 미술 쪽으로 관심 있는 아이들, 과기대 들어가려면 과학 쪽에 관심이 많은 아이들을 뽑는 게 우선이잖아요. 그게 고등학교도 살고 대학도 사는 거예요. 일본에서 살다 온 아이와 일본어는 한마디도 못하는 아이를 비교해 보세요. 앞의 아이하고는 대학 1학년 때부터 일본 문화에 대해 이야기할 텐데, 다른 아이는 상당한 기간 동안 히라가나, 가타카나만 이야기할 거예요. 두 아이의 경쟁력은 확연히 차이가 나죠. 이런 생각들이 쌓이면 수능 최저 등급은 반영 안 해도 될 테고, 단어 자체가 사라지겠죠.

2027학년도 이후면 입시생이 30만 명 정도로 줄어요. 상위 대학을 목표로 하는 30퍼센트는 10만 명 정도가 되겠죠. 상위 30퍼센트 정도의 대학은 시험을 통해 자체적으로 선발하려고 할 거예요. 경쟁률이 높으니 변별력을 확보해야 하거든요. 이들 대학에서는 가칭 '수능 Ⅱ'라고 해서 전공별로 서술식·논술식 문항 시험을 치게 하면 됩니다. 과학 전공이면 과학에 대한 서술식 문항, 인문학 전공이면 인문학에 대한 서술식 문항을 보게 하는 거죠. 출제는 어떻게 할까요? 인문·사회, 경제·경영, 기초 과학, 공학, 예체능 계열 등 이런 식으로 대분류를 해서 서술식·논술식 문항을 공동으로 만들 수 있을 거예요. 고교학점제에서 이수할 수 있는 과목들을 위주로 문항을 구성하면 되겠죠. 국가적으로 공통 서술식·논술식 시험을 치되, 채점은 대학에 맡기는 거예요. 시험 답안지를 스캔해서 지원한 대학에다 파일을 그냥 보내 주는 거예요. 지원한 대학에서 그걸 채점하면 채점의 공정성 문제도 사라질 겁니다. 이런 시험에 대비하기 위해서는 이전과 같이 문제 풀이식 수업을 할 수 없게 되고, 고등학교 교육도 살 거예요. 대학 입시 때문에 고교학점제가 성공하니 안 하니 하는 논란이 사라질 수밖에 없어요. 그리고 다른 대학들은 자격 고사화된 '수능 Ⅰ' 시험 통과 여부를 보고, 내신 일정 비율을 반영하면 학생 선발에 문제가 없을 거예요. 그렇게 되면 새로운 수능 대학 입시 제도가 만들어지겠죠. 새로운 대입 제도는 2024학년도에 발표하기로 되어 있는데, 고교학점제의 특성을 고려해 보면 이런 방향으로 갈 거라고 예상합니다.

정희경 대학 합격 여부를 인생에 가장 큰 사건으로 생각하는 인식 때문에 서술식·논술식 시험의 공정성에 문제를 제기하는 분들도 있을 것 같아요.

성기선 일본에는 우리 수능과 같은 '센터 시험'이라는 것이 있어요. 2019학년도부터 일본의 센터 시험 국어와 수학 과목에 서술식·논술식 문항을 적용하겠다고 한 적이 있어요. 제가 일본으로 출장 가서 그 문항을 봤거든요. 문항 자체가 채점의 공정성과 신뢰성을 담보하기 위해 매우 단순한 답을 쓰는 서술식 문항이었어요. 문항의 형태를 그런 식으로 바꾸면 충분히 채점의 공정성과 신뢰성을 담보할 수 있습니다. 결국 일본에서도 갑론을박하다가 실제 적용을 하지는 못했어요. 그때 일본에서는 AI를 활용한 자동 채점 시스템도 개발 중이었거든요. AI가 10만 명이든 30만 명이든 기초적인 채점을 해요. 그럼 그걸 가지고 각 대학에서 지원자들을 대상으로 별도로 세부 채점을 하죠. 그렇게 하면 신뢰성을 얻을 수 있을 겁니다. 국가에서는 모범 답안지를 만들어서 각 대학에 제출해 주고, 대학에서는 그 기준으로 채점하면 공정성 문제도 해결할 수 있습니다.

이렇게 고교학점제에 적합한 입시 제도를 안착시켜 나간다면 입시 위주로 수업하는 것도 나쁘지 않아요. 입시를 위해 토론도 하고 탐구도 하고 체험도 하고 리포트도 쓰고 하면 아까 말씀하신 침묵하는 교실이 아니라 유의미한 학습과 활동이 일어나는 교실이 될 거예요. 우리 애가 학교에 갔는데 공부도 하고 자기 고민도 하고 글도 쓰고 토론도 한다고 생각해 보세요. 입시의 문제, 교육 과정의 문제, 평가의 문제를 해결하면 우리 아이들이 이렇게 바뀔 수 있습니다.

고교학점제와 학교 문화

최용우　저는 학교가 배움의 공간이기도 하지만 성장의 공간이라는 생각이 들어요. 고교학점제라는 교육 과정이 생기면, 말씀하신 것처럼 아이들이 교실을 이동하게 될 테고, 그렇게 되면 담임 선생님의 역할도 바뀔 것 같아요. 이전보다는 학생에 대한 애정이나 학습 독려가 줄어들 것 같고요. 아이들도 한 반에서 수업받는 것이 아니라 개별적으로 돌아다니니까 점점 개인화가 될 거라는 생각이 들거든요.

성기선　고교학점제가 시행되면 한 반에서 친구들과 함께 놀고 서로 교류하던 것들이 없어지고, 개인 중심으로 변할 것이라는 우려는 충분히 고민해야 될 지점이라고 생각합니다. 그러나 담임 제도가 많이 바뀐다고 하더라도 담임은 지정될 것이고 역할만 바뀔 거예요. 아이들 개개인의 고민이나 진로에 대한 생각도 다 기록할 거고, 우리 반 행사와 같은 별도의 시간도 있을 겁니다. 공부하는 방식은 바뀌었지만 여전히 자기 소속감은 필요하잖아요. 대학교에서 힌트를 얻을 수 있을 것 같아요. 학교에 가서 동아리 활동도 하고 자기 과 친구들끼리 행사도 진행하면서 관계를 맺어 가는 것처럼, 고등학교에서도 공식적인 교육 과성은 학점제이기 때문에 따로 움직이지만 비공식적인 교육 과정은 공동으로 움직일 수 있을 겁니다. 고등학교에서 공식적인 교육 과정을 학생들에게 이수시키는 것도 중요하지만, 우리가 잠재적 교육 과정이라고 하는 사회성이나 동료애를 기르게 하는 것도 중요하다고 생각합니다. 따라서 교과 외에 비교과 활동들을 지금보다는 훨씬 더 강조해야 된다고 생각합니다.

정희경 저는 오히려 고교학점제의 장점이 개인화에 있다고 생각했거든요. 우리 사회는 아직도 집단의 힘이 강해서, 개인이 자기의 가치관에 따라 선택을 할 때 느끼는 압박감이 아직도 크다고 생각해요. 그래서 고교학점제가 시행되면 지금의 '왕따'라든지 학교 폭력 문제가 조금은 완화되지 않을까 생각했어요. 같은 반, 같은 학년이라는 막연하게 주어진 소속감을 벗어나, 공동 작업을 하는 과정 속에서 집단 내의 관계들이 형성된다면 조금 더 긴밀한 관계로 발전할 수 있을 것 같아요. 어른들은 고등학생들을 미성년자라는 이유로 너무 어리게 보고 독립적인 인간으로 대우하지 못하는 경향이 있어요. 학생들을 조금 더 믿어 주고 독립적인 인격체로 대우해 준다면, 충분히 자신의 취향을 고려하여 진로를 입체적으로 잘 설계할 수 있을 것 같아요. 담임이 평가권을 갖고 통제했을 때, 권위가 폭력으로 행사되는 경우도 있었고, 실제로 사회적 이슈가 된 적도 있었어요. 고교학점제가 되면 담임에게 쏠려 있던 평가의 권위가 과목별로 분산되어 이런 부작용도 덜할 수 있을 것 같아요.

성기선 개별화라는 것과 개인화라는 건 조금 다른 개념 같아요. 개별적인 관심, 개별적인 진로, 개별적인 특성은 충분히 살려야 해요. 우리는 집단 교육의 폐해에 대해서 경험을 해 봤잖아요? 학교 다닐 때 제일 억울했던 일 중에 하나가 담임 선생님이 갑자기 들어와서 "우리 반이 꼴찌를 했으니 운동장으로 집합해."라는 거였어요. 단체로 체벌을 받았던 기억이 있는데, 학교에서는 개인끼리 경쟁시켜 놓고 그 성과에 대해서는 반 단위로, 또는 학교 단위로 책임을 지웠어요. 그런데 그렇다고 단체 협업을 통해 평가도 단체로 받게 하자는 의견이 과연 옳을까요? 대학에서 모둠별 과제를 내잖아요? 한 다섯 명이 과제를 내는데, 그중에 한두 명은 이름만 올려놓는 무임승차자들이 있죠. 그래서 열심히 하는 한두 명은 모두 같은 점수를 받는 게 불만이죠. '고교 학점의 개인화'가 오히려 사회적 관계를 훼손할 수 있다는 우려는 충분히 이해하지만, 그것보다도 더 큰 가치가 있다고 생각해요. 아이들이 스스로 판단하여 활동하고 필요한 경우 협업한다면, 경쟁 관계에 있는 지금의 단절된 친구 관계보다 오히려 더 좋은 관계를 유지할 수 있다고 생각합니다. 예전과 같이 떠먹여 주는 밥을 먹는 게 아니라, 지금부터는 자기가 숟가락을 들고 내가 먹을 수 있는 걸 찾아다녀야 되죠. 혼자서 안 되면 함께 가야 하고요. 그렇게 하려면 누가 뭘 좋아하는지 누가 뭘 잘하는지 알아야 될 거예요. 그 과정에서 친구들끼리의 상호 작용이 더 잘 일어날 수 있을 거라고 생각합니다.

고희정　고교학점제가 시행되면 어떤 변화가 있을지 아이들에게 한 번 물어봤어요. 그런데 정말 예상하지 못한 이야기를 하더라고요. 자기들도 인터넷으로 검색해 봤는데, 고교학점제를 하는 외국 학교의 건물은 위로 높은 게 아니라 옆으로 넓어서 교실을 옮겨 다니기가 편한데, 자기네 학교는 5층이라서 올라갔다 내려갔다 다시 올라가고 반복하는 게 힘들다는 거예요. 그래서 애들 불만이 장난 아닐 거라고요. 저는 그 이야기를 들으면서 어른들이 전혀 생각하지 못한 부분을 아이들은 다른 방향에서 실질적으로 보고 있다는 생각이 들었어요. 그래서 교육 제도가 바뀔 때는 당사자인 학생들의 의견을 충분히 반영했으면 좋겠어요.

특히 고교학점제를 하게 되면 교과목이 신설되잖아요. 그러면 그때 학생들의 의견이 얼마나 반영될지 굉장히 궁금해요. 아이들이 배우고 싶은 교과목을 개설하는 게 고교학점제의 가장 중요한 특성이라고 생각하거든요. 학생들의 의견을 반영하는 것, 그리고 고교학점제 시행 후 학교 시설은 어떻게 지원할지 그런 것들이 궁금합니다.

성기선　고교학점제에 대한 우려 중 하나가 '과목 개설을 어디까지 허용할 것이냐?' 하는 문제입니다. 예산, 공간, 수강생 수 등을 고려할 때 과목을 무한정 늘릴 수는 없죠. 설문 조사를 통해 일정 숫자 이상이 되는 학생들이 원하는 과목을 우선 개설해야겠죠. 그런데 어느 학생이 꼭 그 수업을 들어야겠다고 하면, 비슷한 다른 수업을 소개해

쥐야 할 때도 있을 겁니다. 그런데도 꼭 그 수업을 들어야겠다고 하면 학교 간 네트워크를 활용해야 합니다. 그래서 지역 내 학교 간의 네트워킹이 필요합니다. 관내에 5개의 고등학교가 있다고 가정해 봅시다. 학생은 1, 2교시에 자기 학교에서 수업을 듣다가 3, 4교시에는 다른 학교에 가서 수업을 들을 수도 있어요. 지금은 교통이 워낙 발달되었으니까, 수업이 교실을 건너고 학교 담장을 뛰어넘어야 해요.

앞서 말씀하신 건물 내 이동에 관한 문제는 미래형 학교를 설계할 때 충분히 고려해야 하겠지만, 기본적으로 땅덩어리가 좁은 우리나라의 여건상 수업 시간별로 동선을 적절히 고려해야 할 필요가 있습니다. 미국과 같은 학교는 땅이 넓으니까 고층을 지을 이유가 없지요. 그러니까 아이들이 이동하기 편해요. 그런데 외국의 학교들을 보면 꼭 그런 학교만 있는 것도 아니에요. 4층, 5층짜리 건물도 꽤 많고요. 1교시에 1층에서 수업을 듣다가 2교시는 5층, 3교시는 다시 1층으로 오는, 이런 식의 동선은 좀 극단적인 케이스 같고요. 그런 문제가 발생하지 않게 사전에 동선을 고려해야겠죠. 또 리모델링을 통한 미래형 학교를 설계할 때, 이동 중에 안전 문제를 고려하고, 공강 시간에 개인적으로 공부하거나 휴식할 수 있는 공간들을 적절히 배치하는 것도 필요합니다. 대개의 학교가 학생 수가 많이 줄어들고 있어서 기존의 교실 중에서 빈 교실이 많이 생겨요. 이런 것들도 리모델링해서 필요에 맞게 쓰면 될 테고요. 시범 학교인 청주의 흥덕고등학교니 구리의 갈매고등학교가 고교학점제에 적합한 시설 환경을 잘 구축해 놓았어요. 이런 사례들을 참고한다면 공간의 문제도 해결되지 않을까 생각합니다. 혁신학교의 사례를 참고해도 좋고요.

혁신학교의 역사

최용우 말이 나온 김에 혁신학교 이야기를 조금 하고 싶어요. 지난 10여 년 동안 혁신학교 운동이 우리나라 교육에 굉장히 영향을 많이 미쳤는데, 아직도 혁신학교를 반대하는 목소리도 높아요. 혁신학교의 정신이 무엇이고, 이를 통해 결정적으로 어떤 부분이 바뀌게 됐는지 말씀해 주세요.

성기선 혁신학교는 2009년에 13개 학교로 시작하여 지금은 규모가 엄청나게 늘어났어요. 지난 10여 년 동안 학교를 새롭게 바꾸려는 노력들을 진정성 있게 해 온 결과죠. 경기도에서 시작한 혁신학교 정책이 이제는 교육부 차원에서 추진되고 있어요. 예전에는 그렇게 핍박받던 '혁신'이라는 단어가 교육부 정책에 들어가 있고, '학교 혁신 지원실'이라고 조직 이름에도 나와 있는 걸 보고 참 찡했어요. 사실 학교에는 교사에 대한 불만, 평가에 대한 불만, 학생 생활 지도에 대한 불만, 학생 인성에 대한 불만, 성적에 대한 불만 등 온갖 불만이 팽배했어요. 학생이나 학부모의 시각으로 볼 때는 학교에서 자신들의 요구 사항을 들어주지 않아 불만이 생기겠죠. 학교 입장에서는 다양하고 수많은 요구들을 모두 수용하기 어려우니 그 또한 불만일 테고요. 이렇게 불만이 쌓이는 건 당연한 일이었고, 그것이 학교가 갖고 있는 생태적 한계였어요. 그런데 학교의 개선을 위해서 교육부나 교육청이 정책을 마련한 게 아니라, 교사들이 스스로 혁신 정책을 추진했어요. 저는 이것이 우리 혁신학교의 가장 큰 특징이라고 생각합니다.

제가 2017년에 미국의 교육학회에 경기 혁신 교육을 소개하고 발표한 적이 있어요. 미국 교육학회 전 학회장인 UCLA 대학의 에바 베이커(Eva Baker) 교수에게 사회를 부탁하고, 앤디 하그리브스(Andy Hargreaves) 교수를 토론자로 초대했어요. 하그리브스 교수는 『학교 교육 제4의 길』을 쓴 한국 교사들에게 인기 있는 학자이지요. 그때 경기도 혁신학교의 특징을 몇 가지로 발표했습니다. '첫 번째, 민주적 학교 공동체다. 학교 운영에 관한 의사 결정을 학생, 학부모, 교사, 교장이 민주적으로 한다. 두 번째, 창의적으로 교육 과정을 구성한다. 교육 과정을 재구성하고, 평가도 거기에 맞추고, 수업도 다양하게 전개하고, 체험 학습도 하고, 모둠식 수업도 한다. 세 번째는 전문적 학습 공동체를 운영한다. 교사들이 전문성 강화를 위해서 모둠을 만들어서 학교의 문제점들을 공동으로 토론하고 해결해 나가며, 그런 과정을 통해 서로 성장한다. 네 번째, 교사들이 수업을 공유한다. 내 수업만 신경 쓰는 것이 아니라, 동료 교사의 수업을 들어 보면서 장점을 배우고 서로 조언하는 문화가 생겼다.' 이렇게 잔뜩 이야기하고 있는데 질문이 들어왔어요. 혁신학교가 영어로 하면, 'innovation school'인데, 뭐가 혁신이냐고 물어요. 금방 발표한 것은 학교의 본질이고, 이미 미국에서는 다 하고 있다는 거죠. 창피하더라고요. 말문이 막혔지만 즉흥적으로 답을 했던 기억이 납니다. "우리는 교육청이나 교육부에서 지시한 교육 개혁이 아니라, 교사들의 자발적 참여와 동의로 시작한 것이다. 교사들이 자발적으로 참여해서 학교를 바꾸고 교육 과정을 바꾸고 학생 문화를 바꾸고 교직원 문화를 바꾸는 이런 학교 운동이 성공한 사례는 전 세계적으로 없다."라고 말했죠. 그러니까 박수를 치면서 그 부분만은 인정을 해 주더라고요.

현 시점에서 조금 우려되는 건 교사의 자발적인 참여가 교육청 정책으로 바뀌면서 그 동력이 약해질 수도 있다는 점이에요. 교사의 자발적 참여는 혁신학교의 기본적 특성 중 하나이거든요. 2022년에는 경기도의 57퍼센트 학교가 혁신학교로 지정이 돼요. 혁신학교가 자율적 운동에서 타율적인 정책이 되어 버리면 그 강점이 희석화될 수 있다고 생각해요. 혁신학교의 방향과 다른 방식으로 가면서도 혁신학교라는 외피를 입고 자기를 정당화하는 학교가 있을까 봐 걱정도 되고요. 그럼에도 불구하고 혁신학교 정책은 계속 추진되어야 한다고 생각합니다. 물론 초창기 혁신학교와 지금의 혁신학교가 다를 수도 있을 겁니다. 그렇다고 혁신학교를 없애자고 말할 수도, 모든 학교를 다 혁신학교로 바꾸자고 말할 수도 없습니다. 저도 풀어야 할 숙제 중 하나인데, 학부모님들은 어떻게 생각하시나요?

정희경 제가 아이를 위해 남한산초등학교를 선택했던 이유는 사교육을 안 해도 되기 때문이었어요. 사교육을 안 하겠다는 서약서를 쓰게 하는 학교가 제 선택의 기준이었거든요. 처음에는 아이들도 잘 지냈고, 정말 좋았습니다. 그런데 아이가 힘들어했던 학년이 있었어요. 아까 교수님이 말씀하셨듯이, 혁신학교는 그대로 있는데 그것에 공감하지 않는 선생님이 계시니까 여태껏 이어져 왔던 혁신 교육이 유명무실해지더라고요. 이듬해에 만난 선생님이 아이들이 받은 상처를 회복시켜 주느라 굉장히 힘들어했던 기억이 있어요. 아이들도 그 상처가 2년 이상 꽤 오래가더라고요. 저는 혁신학교가 있어야 선생님들이 혁신적인 일을 할 수도 있겠지만, 그보다 더 중요한 것은 혁신 교사라고 생각해요. 민주적 학급 운영, 창의적 수업, 체험 학습 등 혁신을 실현하겠다는 의지와 강력한 동기가 교사 개개인에게 있어야 한다고 생각해요. 이제는 혁신학교라는 이름이 중요한 시기는 지났고, '선생님들의 열정을 어떻게 유지해 주고 고취해 줄 건가?' 하는 문제가 더 중요해진 것 같아요.

성기선 좋은 말씀이십니다. 또 들어 볼까요?

고희정 저희는 지역 자체가 혁신 지구로 지정되어 있어서 아이가 어렸을 때부터 당연하게 혁신학교에 들어갔어요. 그래서 일반 학교와 혁신학교의 차이를 몰랐어요. 중고등학교도 혁신학교로 바뀌어서 초등학교에 이어서 계속해서 혁신학교를 다녔거든요. 그게 다행이라고 생각하는데, 혁신 초등학교를 다니던 아이가 일반 중학교에 들어가면 교육 체계가 맞을까 하는 걱정은 늘 했어요. 혁신학교에서 아이들이 교육받는 모습을 봤을 때 표정이 밝은 것과 놀이 시간이 긴 것, 재미있는 수업 방식이 아주 좋았어요. 학교에서는 교과 지식을 배우기만 하고 익힐 시간이 부족할 거라고 항상 생각해 왔는데, 혁신학교 수업을 보니 수업 시간에 아이들끼리 토론하며 스스로 익히는 시간이 있어, 그 부분이 아주 만족스러웠어요. 그런데 교장 선생님이 바뀌시니까 교육 체계가 전반적으로 확 바뀌는 시기가 있더라고요. 그러니까 처음에 경험했던 체험 학습이나 수업 방식이 교장 선생님의 교체로 인해서 예전보다 후퇴했다는 느낌이 들더라고요. 그래서 혁신학교가 제대로 성공하려면 선생님과 교장 선생님의 역할이 굉장히 중요하다는 생각을 했어요.

최용우 선생님들은 법적으로 학교를 이동하게 되어 있잖아요. 교장 선생님도 마찬가지고 모든 선생님들은 4~8년 근무하면 이동해야 됩니다. 혁신 교육을 안착시키기 위해 노력한 교사들이 이동하면, 새로운 선생님이 오시겠지요. 그러면 초기의 지속성이 많이 달라지더라고요. 거기에 교장 선생님이 4년마다 바뀌고요. 저도 남한산초등학교 학부모 경험을 했었는데요. 그때 선생님들이 그런 고민을 했어요. '교사나 교장 선생님이 바뀌는 상황에서 학교 문화나 배움의 틀이 바뀌지 않게 하려면 어떻게 해야 하지?'. 고민 끝에 내린 결론은 교육 과정이라고 생각했어요. 교육 과정의 틀을 확고히 만들어 놓으면 새로운 선생님들이 오셔도 그 틀에 따라 교육 과정을 운영하면 되니까 변동성은 적어질 거라고 생각했어요. 그게 정답이라고 말씀드리는 건 아닙니다. 어쨌든 혁신학교가 지속되고 그 학교의 문화와 전통이 이어지려면 교사와 교장 선생님의 이동 문제에 대한 대책이 필요할 것 같아요.

성기선 지금 말씀하신 교사와 교장의 전보에 따른 문제는 해결할 수 있습니다. 혁신 교육이 안착된 학교는 누가 와도 안정화될 수 있으니 크게 걱정하지 않아도 됩니다. 반면 신규 혁신학교에 대해서는 교사 전보 문제에 대해 함께 많은 고민을 해야 합니다. 비록 어느 교사를 한 학교에 오랫동안 머물게 하는 것은 제도적으로 불가능하지만, 경기도의 사례를 보면 해답이 보일 것 같아요. 경기도에는 '혁신 교육 전문가 아카데미 과정'을 두고 혁신 교육 전문가를 계속 양성했습니다. 그분들이 핵심 인재가 되어서 혁신학교를 확산하는 데 노력했고 혁신 교육 지구 사업까지도 진출했습니다. 저는 이런 과정 운영이 '혁신학교 1개를 늘리느냐 마느냐?'보다 더 중요한 미래를 내다본 행동이었다고 생각해요. 그래서 앞으로도 이런 지원들을 통해 교사 전보에 관한 문제는 해결해 나갈 수 있다고 생각합니다.

정희경 저희들은 이렇게 모두 혁신학교를 좋아하는데, 기사로 보니 혁신학교 지정을 반대하는 사례가 많은 것 같아요. 진학률이나 기초 학력 미달에 대한 걱정 때문에요. 그런데 이미 경기도에서 57퍼센트 의 학교가 혁신학교로 지정되었는데도 여전히 반대하는 건 이해할 수 없어요. 혁신학교로 지정되면 부동산값이 하락한다는 얘기까지 나오고 있고요.

성기선 혁신학교가 비판받는 이유 중 하나가 기초 학력이 떨어진다는 건데요. 이 이야기는 증명된 바가 없어요. 혁신학교 성과에 관한 연구들을 종합해 보면, 혁신학교로 인해 성적이 올라갔다고 이야기하기는 어려워요. 그러나 교과에 대한 학생들의 자신감이 커졌다는 결과가 나와요. 물론 자신감이 커졌다고 해서 곧바로 성적이 올라갈 거라고 볼 수는 없죠. 그런데 그 자신감이 중장기적으로 보면 굉장한 차이를 보입니다. '내가 과연 잘할 수 있을까?' 하고 부정적인 생각을 하는 아이와 하고 있는 일에 자신감과 재미를 느끼는 아이는 천양지차예요.

우리나라에서 교육 성과를 이야기할 때 주로 PISA(국제 학업 성취도 평가)의 자료를 많이 인용합니다. PISA는 만 15세에 해당되는 연령의 OECD 국가 간 학업 성취도 비교 연구예요. 3년마다 시행하는데 2000년에는 우리나라가 세계 1, 2위를 다퉜지요. 그러다가 2003년도에 실시했는데 문제 해결력 영역에서 1위를 했어요. 언론사에서 저를 부르더라고요. 우리나라 아이들이 고차적 사고 능력인 문제 해결력 영역에서 1위가 나왔는데 엉터리가 아니냐고 믿지를 못하고 묻더라고요. 그런데 사실 성적은 좋았어요. 읽기 영역, 수학 영역, 문제 해결력 영역 등 세계 최고 수준이었어요. 문제는 수학 영역에서 높은 성적을 받았는데도 수학 자신감과 수학 흥미도는 OECD 평균에도 못 미쳤다는 점이죠. OECD 국장이 결과를 발표하면서 이해하지 못하겠다고 하더군요. 수학을 그렇게 잘하는 아이들이 수학을 재미없어 하고, 자신감도 낮다는 모순적인 결과에 대해 이해를 못 한 거죠. 그런데 우리는 그 이유를 충분히 알 수 있었어요. 강요된 학습 때문이었죠. 내가 재미있어서 하는 학습이 아니라 타율적인 학습에 길들여졌기 때문에 문제 풀이는 잘하는데 외부로부터 압력이 빠지는 순간 공부를 안 해요.

그런데 혁신학교에 관한 연구 결과를 보면, 각 교과에 대한 아이들의 흥미도와 만족도가 상당히 올라가 있어요. 성적이 올라가지도 내려가지도 않았지만, 과목에 대한 만족도, 흥미도, 자신감 이런 것은 상당히 올라가 있었죠. 혁신학교를 다니면 공부를 훨씬 잘하게 된다고 볼 수 없죠. 다만 자신감이 생기고 그게 나중에 더 좋은 결과로 이어질 수 있다는 점은 분명합니다. 또 개별화 교육이 가능하고, 뒤처지는 아이들을 보호해 줄 수 있는 장치들도 훨씬 더 많다고 생각합니다. 그래서 혁신학교는 기본 교육이 탄탄한 학교고, 아이들에게 꿈을 키워 주는 학교라고 생각합니다.

미래 학부모의 역할

고희정 이야기를 듣다 보니 교사의 역할도 중요하지만 학부모의 역할도 중요할 것 같아요. 지금 학부모의 평균 출생 연도가 80년대 초 중반쯤 되거든요. 이제 90년대 학부모님들이 몰려오는데, 과연 우리 학부모들은 어떤 마음가짐을 가져야 될까요? 미래 학부모의 역할은 어떠해야 할지 말씀해 주십시오.

성기선 우리는 자녀를 교육할 때 불안감 때문에 잘못된 경쟁을 시작하고, 사교육에서는 그 불안감을 조성하고, 기득권 세력은 불안감을 이용하는 전략을 사용합니다. 먼저 불안감을 없애야 해요. 아이에 대한 불안감, 아이의 미래에 대한 불안감, 학교에 대한 불신이나 불안감 들을 떨치고 사실대로 직시할 수 있는 눈을 가져야 돼요. 그러기 위해서는 학부모들끼리 모여야 해요. 90년대 이후에 태어난 학부모들은 주로 핵가족 사회에서 자라서 대화가 부족하고 혼자서 준비하려는 경향이 강해요. 옆집 아이가 학원 간다니까 불안해서 유치원 때부터 학원을 보내기 시작하고, 그러다 보니 한번 올라타서 멈출 수가 없게 되죠. 계속해서 사교육에 의존할 수밖에 없는 거예요. 이제는 학부모들도 올바른 교육이 뭔지 학교와 함께 교사와 함께 고민하고, 아이의 성장을 모니터링하면서 지원해야 해요. 그러기 위해서는 세대를 떠나 학부모들끼리 먼저 모여야 해요. 학교라는 곳은 세대 간의 차이가 늘 존재합니다. 교사와 학부모, 학생 간에는 늘 세대 차이가 존재해 왔죠. MZ 세대인 90년대생이 학부모가 되면 기존에 있는 교사들은 그 변화의 속도를 못 따라갈 수도 있어요. 그 간격을 좁히는 방법은 자주 만나 소통하는 일밖에 없죠.

최용우 제가 만나 본 선생님들이 이런 말씀을 하시더라고요. 학부모님들은 상담을 하면 내 아이의 이야기만 한다고. 그래서 선생님들은 학부모들이 예전보다 굉장히 개인화되고 개별화되어 있다는 느낌을 받는대요. 좋고 나쁨을 이야기하는 건 아니었어요. 아마 그러한 부모의 모습이 아이에게도 그대로 보이는 게 아닐까 하는 생각이 들어요. 제가 경기도의 어느 혁신학교에 가서 한 30명의 학부모 임원을 만나서 이런 이야기를 한 적이 있어요. 혁신학교를 처음 하는 학교에서는 일단 반 모임부터 해 보시라고요. 한 달에 한 번이 아니더라도 분기별에 한 번이든, 한 학기에 한 번이든 학부모들끼리 자주 모일 기회를 가지시라고 말했어요. 왜냐하면 갑자기 모여서, '우리 교육 이야기해요. 아이들 이야기해요.' 하고 말하는 건 생뚱맞고 이야기가 잘되기도 쉽지 않거든요. 자주 얼굴을 봐야 말하기가 편하니, 그러기 위해서는 기본적으로 반 모임부터 하시라고 말한 거죠. 그런데 혁신학교 학부모 자치 활동 중에서 가장 기본적이면서도 가장 어려운 게 바로 반 모임이에요. '모이는 일'이 학부모가 가장 시급히 고민해야 할 부분이 아닌가 하는 생각이 들어요.

성기선 예전에는 한 마을에 사는 부모님들끼리 서로를 잘 알고 있었죠. 저 아이는 누구 집 둘째 아이고, 저 아이는 누구 집 셋째 아이라는 걸 다 알고 있었어요. 그러니 아이들이 동네에서 나쁜 짓을 할 수 없어요. 동네 어른들 눈이 한두 개가 아니니까요. 그때는 학부모끼리의 네트워크가 잘 마련되어 있었죠. 교사도 마찬가지예요. 그때는 시골에 부임하면 방과 후에 어디 멀리 나갈 수도 없고, 그냥 동네에 머물러야 했잖아요. 그러다 보니 가끔 저녁도 함께 먹게 되고 교류를 해요. 그럼 자연스럽게 아이 이야기를 할 수밖에 없지요. 학교에서 어떤 잘못을 했다거나 집에서 무슨 일이 있었다거나 하는 등의 이야기를 서로 하게 되죠. 한 아이의 성장에 대해서 많은 어른들이 관심과 애정을 갖는 환경이었어요. 반면에 지금은 아이들은 학원으로 가고, 교사도 퇴근해서 다른 동네의 자기 집으로 가고, 부모들도 일한다고 바빠서 서로 교류가 없어요. 공동체 문화가 완전히 붕괴되었죠.

공동체를 다시 형성하는 데 제일 중요하고 기본적인 것이 반 모임이라는 의견에 전적으로 동의합니다. 그 정도의 열성은 학부모들이 보여 줘야 된다고 생각해요. 우리나라의 교육열은 세계 최고라고 하잖아요? 그런데 이 교육열은 학교가 아니라 학원 지원 교육열 같아요. 학원을 여기 저기 보내면서 교육에 대한 불안감과 고민을 해소하는 것 같아요. 저는 그런 고민을 개별화하지 말고 함께 이야기했으면 좋겠어요. 그러다 보면 불안감도 해소되고 많은 정보들을 얻을 수 있다고 생각해요. 청주 흥덕고등학교에서는 반 모임을 하는 부모들이 축구도 하고 저녁도 먹으면서 서로의 아이들을 자연스럽게 이해해요. 그렇게 부모들끼리 알면 아이들도 서로에게 함부로 행동을 안 하게 되니, 더불어서 학교 폭력도 예방되죠. 이런 문화들은 제도화해서 정립되는 게 아니니, 담임 선생님과 학교 단위, 학부모들이 지속적으로 노력해야 해요.

정희경 혁신학교보다 일반 학교에서 반 모임이 잘 안 될 거라고 생각하시는 분들이 있는데 그건 오해예요. 어쩌면 혁신학교보다 더 활발하게 모이고 있고, 서로 굉장히 친해요. 제 아이가 일반 학교를 다닐 때, 처음에는 반 모임에 자주 참석했어요. 부모님들 대부분이 불안하니까 정보를 교환하려고 모이거든요. 봉사 점수는 어떻게 따고, 어떤 학원이 내신 대비를 더 잘하고, 어떤 학원 선생님이 좋은지 이런 정보들을 교환했어요. 그러다 나중에는 제가 줄 정보도 없거니와 다른 부모들 말을 들으면 많이 흔들리니까 의도적으로 반 모임에 참석을 안 했어요.

제가 아직도 만나고 있는 모임은 남한산초등학교 부모 모임이에요. 지금도 일주일에 한 번씩 책 읽는 모임을 하고 있어요. 일반 학교에서의 모임은 정보를 교환하는 '학부모'로서의 모임이었던 반면에, 아이가 초등학교 때부터 시작했던 모임은 '부모'의 모임이었던 것 같아요. 그러니까 6년이라는 긴 시간 동안 아이를 어떻게 키워야 하는지, 부모의 역할이 뭔지 함께 고민했고, 그러는 동안 부모 스스로도 사회를 잘 살아가는 건강한 사람이 되려고 노력했던 것 같아요. 그런 과정을 통해 부모와 자식 간, 부모와 교사 간의 연대와 소통의 중요성을 느꼈어요. 그게 부모의 역할인 것 같아요. 그런데 애가 대학을 가도 부모의 역할은 끝나지 않더라고요. 그냥 지나치게 간섭 안 하고 소통하려고 하면 좋은 부모가 되지 않을까 하는 생각입니다.

성기선 카페에 앉아 있으면 옆 테이블에 학부모들이 오셔서 어느 학원에 누가 잘 가르친다는 등 정보 교류를 많이 하시더라고요. 불안감 때문에 모이셨을 수도 있겠지만, 어떻게 보면 학부모 네트워크가 굉장히 발달되어 있는 거죠. 그런데 이런 모임은 자생적이라서 거기에 들어가지 못하는 부모도 있고 아무하고도 교류하지 않는 부모도 있죠. 제가 희망하는 것은 학교 단위에서 학부모들을 교육의 한 주체로 끌어들이기 위해 어떤 식으로든지 노력했으면 좋겠다는 거예요. 학교는 가만히 있으면서 학부모들에게만 노력하라고 해서는 안 돼요. 학부모 입장에서 학교는 여전히 벽이거든요. 학교만 가면 괜히 주눅들고 잘못한 것 같은 기분이 들어요. 이제는 학교를 협업하고 공유하고 같이 이야기할 수 있는 공간으로 터 주면 좋겠어요. 혁신학교뿐만 아니라 모든 학교가 그런 소통의 장을 마련해 주면 좋겠어요. 그곳에서 대화가 오가면 불안감들은 충분히 해소되고 좋은 교육이 이루어질 수 있다는 생각이 듭니다. 교육청과 같은 거시적 단위에서 하기는 어려우니까, 학교에서 교장 또는 담임 선생님들과 학부모들이 공유하는 공식적, 비공식적 자리를 학교 단위 또는 학급 단위에서 만들어야 된다고 생각합니다. 특히 요즘은 온라인으로도 가능해졌고, SNS 메신저로도 가능하기 때문에 더 활성화될 거라 기대하고 있습니다.

고희정 지금 제가 하고 있는 학부모 모임은 순전히 우리끼리 좋아서 오래 함께하고 있는데요. 학교에서 학부모 동아리 같은 거를 만들어

활성화한다면 저희만이 아니고 다른 다양한 분야의 학부모를 만날 수 있겠다는 생각이 들었어요. 학부모 연수는 거의 평일 오전 시간에 해요. 그러니까 출근해야 하는 학부모님들은 오시기 굉장히 힘드시지요. 상담을 하러 올 때도 하루 휴가를 내야 하는 상황인데요. 그래서 많은 학부모님이 오실 수 있게 학부모 연수나 모임 시간을 저녁 시간이나 주말까지 좀 다양하게 했으면 좋겠어요. 그런데 저녁이나 주말은 선생님들은 퇴근하고 쉬셔야 하잖아요? 그러니 학교가 개방을 더 많이 했으면 좋겠더라고요. 운동장과 체육관이 비어 있는데 아깝더라고요. 주말이라도 학부모들과 아이들한테 열어 주면 좋겠어요. 물론 관리나 책임은 학교 운영 주체 간에 합의를 해야겠죠. 그렇게만 된다면 학부모들이 더 적극적으로 학교에 관심을 갖게 되고, 모임도 자연스럽게 만들어지지 않을까 생각해요.

성기선　학교를 개방하면 방과 후에 학교 시설이나 안전에 대한 책임을 누가 질 것이냐 하는 문제가 생겨요. 그 부분이 지자체와 교육청, 학교가 항상 충돌하는 지점이고, 그 때문에 아직도 학교를 개방하지 못하고 있어요. 그런데 일정하게 제도를 만들어서 관리와 책임을 맡기면 해결될 일이에요. 모든 학교를 다 개방하지 못하더라도 시범적으로 몇몇 학교는 개방해야 한다고 생각해요. 또 학부모가 학교 행사에 참여할 수 있도록 '학부모 자녀 상담 휴가제'와 같은 걸 제안할 수도 있어요. 자녀가 초등학교에 다니면 한 학기에 한 번 정도는 자기

연차에서 깎지 않고 휴가를 쓸 수 있게 해 주는 거죠. 그렇게 하면 학교 행사가 있을 때 지금보다 더 잘 참여할 수 있겠죠. 회사를 다님으로써 자녀 교육에 불이익을 받는 현재의 구조를 바꾸기 위해 제도화가 필요합니다. 그런데 제가 지난 20년 이상을 고민하며 아무리 멋진 제안을 해도 실제 현장에 잘 적용되질 않더라고요. 적용되지 않는 이유가 뭔가 곰곰이 생각해 봤는데, 서로 안 움직이면서 남 탓만 하고 무엇보다 만나서 이야기하려 하지 않기 때문이더라고요. 만나서 이야기해야 문제가 해결되고 새로운 아이디어가 나오는데 말이죠. 학부모의 자발적인 참여를 받아 줄 수 있는 그릇을 만들고 제도를 만들어 나가는 것이 우리 교육의 중요한 과제 중 하나라고 생각합니다.

최용우 '시도해 보면 된다, 실천하면 된다.'고 생각해요. 지금은 시작하기도 전에 이런저런 우려가 너무 많은 것 같아요. 일단 학교 활동에 참여하고, 점차 즐거움도 느끼고, 재미도 느끼고, 감동도 느끼다 보면, 차차 학부모들도 변화할 수 있을 거라고 생각합니다.

성기선 마지막으로 첨언하면, 세월호 참사가 일어났을 때 우리 아이들을 바라보는 어른들의 마음은 '학부모'의 마음이 아니라 '부모'의 마음이었어요. 아이가 함께 존재하는 것만 해도 매우 기뻐했고, 건강하게만 자라 달라고 생각했죠. 그렇게 쩡한 마음들이 있었는데, 어느 순간 우리는 다시 학부모의 마음으로 돌아가서 아이들에게 경쟁에서 이겨야 된다고 강요하고 있어요. 하나를 버리라고 할 순 없지만, 학부모의 마음과 부모의 마음을 고루 가졌으면 좋겠어요. 부모로서 애정을 가지고, 학부모로서는 장기적인 시각에서 아이를 지원해 줘야 합니다. 학부모, 교사, 학생이 공통된 목표를 갖고 서로 대화하는 것, 그것이 곧 교육이고 성장이라고 생각합니다. 그리고 그게 바로 혁신학교 정신임을 모두가 잊어버리지 않았으면 좋겠습니다. 고맙습니다.

2장

교사와의 대담

"고교학점제가 시행되면 그에 따라 입시 제도도 함께 바뀔 거예요. 저는 내신 성적은 그대로 가고 수능을 자격 고사화했으면 좋겠어요. 그리고 싱위권 대학에서 학생을 선발하기 위해 오지선다형이 아닌 서술식·논술식 시험인 '수능 Ⅱ'를 국가 고사화했으면 좋겠어요."

대담자 소개

김진영 │ 중학교에서 국어를 가르치고 있는 경력 15년차의 교사다. '한 학기 한 권 읽기' 수업을 열심히 하고 있으며, '전국 국어 교사 모임' 독서 교육 분과 '물 꼬방'에서 활동하고 있다. 공부 모임에 애정이 많아 공부할 자리가 있으면 어디 든 찾아다닌다.

김태호 │ 고등학교에서 과학을 가르치고 있는 경력 25년차의 교사다. 평준화 고등학교, 비평준화 고등학교, 몽실 학교 등 다양한 근무 경력을 가지고 있으 며, 현재는 고교학점제 시범 학교에서 근무하며, 고교학점제 시행 후의 문제점 과 해결 방안에 대해 끊임없이 연구하고 있다.

최영인 │ 경력 7년차인 초등학교 교사다. 첫 발령지는 부산이었지만 현재는 경 기도 수원에서 교편을 잡고 있다. 아이들과 함께 하루하루 성장하기 위해 전문 적 학습 공동체와 연구 모임 등의 활동을 활발하게 하고 있는 MZ 세대 교사다.

교직은 전문직인가?

김태호 많은 선생님들께서 교직을 전문직이라고 말씀하시고, 스스로도 그렇게 인식하고 있어요. 평소 교수님 말씀을 듣다 보면 교사가 꾸준히 성장해 나가는 과정 속에서 전문성을 획득해야 한다고 생각하시는 것 같아요. 그런데 어떤 사람들은 "누구든지 가르칠 수 있는 것 아니냐? 교사의 전문성이라는 게 뭐 특별한 거냐?" 같은 말들도 하거든요. 과연 교직 전문성이 무엇일까요?

성기선 교직 전문성에 대해서는 아마 학교 현장에 계신 선생님들이 가장 깊게 고민하실 것 같아요. 양성 기관에서 연수를 들을 때나 자기 계발을 할 때, 또는 학부모를 만날 때 '나는 전문가인가?' 하는 고민을 자주 하신다고 들었어요.

전문성 하면 제일 먼저 교과 전문성에 대해 생각해 볼 수 있어요. 그런데 국어를 잘하면 과연 국어를 잘 가르칠까요? 국어 교사가 국어 교과에 대한 지식이 많다고 교직 전문성이 높다고 할 수 있을까요? 요즘 전반적으로 학력 수준이 높아져 교사보다 교과 지식을 더 많이 아는 사람들도 있습니다. 그렇다면 반대로 교과를 잘 가르치면 교직 전문성이 높다고 할 수 있을까요? 그렇지 않다고 봅니다. 수업 시간에는 아이들을 통제하는 능력과 수많은 변수에 대처하는 능력 모두 필요해요. 그래서 교직 전문성은 단순히 잘 알고 잘 가르치는 것보다 훨씬 더 미세하게 접근해야 한다고 생각해요.

교직을 전문직이라고 할 때에는 다른 사람으로 대체할 수 없는, 그 자리에 꼭 교사가 있어야 한다는 논리가 성립해야 하거든요. 하지만 현실적으로 그 논리가 흔들릴 때도 있고, 그 경계를 구분하기도 쉽지 않죠. 학교 현장에서 교사들의 전문성을 더 강화하려면 연수 등의 집중 지원도 필요하지만, 교사를 전문가로 대우하는 시스템을 갖추어야 해요. 왜냐하면 지금은 부차적인 업무가 너무 많거든요. 이를테면 공문 처리와 같은 행정 업무, 지역 사회에서 들어오는 요구 처리, 그밖에 특수 목적 사업 운영 등 교사가 수업을 제대로 하지 못할 만큼 방해받는 경우가 많아요. 교사가 해야 할 핵심 역할은 수업, 연구, 학생 지도와 상담인데 말이죠.

최영인 그런 문제의식은 꽤 오래전부터 있었던 걸로 기억해요. 문제는 해소가 안 되었다는 거죠. 교사가 전문성을 기르기 위해, 가르치는 행위, 연구하는 행위, 학생을 지도하고 상담하는 행위에 집중할 수 있게 행정 전문성을 갖춘 사람들을 지원하자는 논의가 있었는데, 현실은 녹록지 않게 흐르고 있는 것 같아요.

성기선 교사들이 모든 걸 다 할 수 있는 시대는 지났죠. 1960~1970년대만 해도 교직에 대한 수요가 많아 적잖은 교사가 충원됐어요. 그 중에는 준비가 덜 된 상태에서 들어오는 경우도 있었지요. 또 당시에는 교직 전문성이라는 인식이 없어서 교사가 학교에서 일어나는 온갖 잡무를 다 처리해야 하는 구조였어요. 시간이 흐르면서 다른 직종에서는 분화와 전문화가 심화되어 갔는데, 교직 문화는 분화나 전문화가 좀 더뎠다는 생각이 듭니다. 그렇게 하려면 기존의 행정 구조나 학교 구조를 지금의 요구에 맞게 재구조화해야 되는데 여전히 1960~1970년대 틀에 머물고 있는 면이 있어요. 역량 있는 사람을 뽑아 제대로 양성해서 교육을 맡도록 했는데, 막상 현장에 가 보니 엉뚱한 일을 하는 경우가 많습니다. 일단 공문 처리하는 것부터 배운 적이 없어요. 결재를 받기 위해 공문을 준비하는 것부터 나이스(NEIS)를 이용하는 것 등에 대한 경험이 없다 보니까 처음에 굉장히 당황하죠. 그걸 가르치고 배우지 않은 것은 사실 그게 교사의 본질이라고 생각을 안 했기 때문이에요. 현재는 교생 실습 기간이 한 달밖에 안 되잖아요. 최근에 교원 양성 체제 개편에 대해 논의할 때 나온 의견인데, 그 기간이 너무 짧다고 해서 실습 학기제를 6개월로 늘리자는 안이 채택되었습니다. 가령, 4학년 1학기 때 월~수 사흘은 실습 학교에 나가고, 목~금 이틀은 대학에서 강의를 받으며 한 학기를 지내면 학교 현장의 실무적·문화적 측면을 체험하면서 미리 준비할 수 있을 것이라는 기대에서 나온 의견입니다. 어떻든 '교직의 전문성'은 무척 중요한 이슈이고, 그것을 강화하기 위해서 자체 노력도 필요하지만 법적·제도적 측면의 정비도 필요합니다.

교사의 주도성

김태호 조금 더 주제를 좁혀서 질문하고 싶은데요. 교사 전문성에 관한 이야기는 시대적인 변화가 있을 때 많이 나오는 것 같아요. 융복합이 강조되던 때도 나왔고, 4차 산업 혁명이라는 말이 나올 때도 그랬고요. 지금은 미래 준비와 관련해서 많이 등장하더라고요. 그때마다 교사의 전문성에 대해 이야기하면서 함께 나오는 이야기가 성장의 문제였어요. 저는 교사의 성장이라는 용어가 굉장히 어색하다는 생각이 들어요. 예를 들어서 교장의 성장, 교육감의 성장, 시장의 성장, 대통령의 성장, 이런 말은 안 쓰지 않습니까? 그러니까 저는 성장이라는 패러다임보다 교사의 주도성이라는 표현이 더 잘 어울릴 것 같다는 생각이 들어요. 최근에 OECD에서 '학습 나침반 2030'을 발표하면서 '학생 주도성'을 이야기했거든요. 그런데 이 학생 주도성이 발현되려면 교사도 주도성이 있어야 돼요. 그러나 여전히 학생만 전면에 내세우고 그걸 지원하는 '교사의 주도성'은 학교 현장에서 중요한 의제가 아니에요. 교수님은 교사의 주도성이 제대로 발현되기 위해서 무엇이 전제되어야 한다고 생각하시나요?

성기선 제가 좋아하는 교육 용어 중에 하나가 'Power to the teacher' 예요. 책 제목이기도 한데, 교사들에게 권한을 주라는 이야기죠. 그럼 교사들에게 어떤 권한을 주어야 할까요? 가장 기본적인 권한은 교육 과정 편성권이에요. 그다음이 수업권이고, 그다음이 평가권입니다. 그러니까 교육 과정과 수업과 평가가 모두 교사로부터 비롯되어야 맞는 거죠. 가장 행복한 교사는 누구일까 생각해 보면 김홍도의 「서당도」에 나오는 훈장님입니다. 왜냐하면 자기가 교육 과정을 결정해요. 그리고 교육 과정을 풀어 나가는 진도, 수업에 대한 관리 감독도 스스로 해요. 학생이 잘했다 못했다 평가하는 것도 본인이 하죠. 아무도 그 사람을 컨트롤하지 않아요. 어쩌면 교사가 전문성을 갖춘다는 것은 교육에 대한 통제 권한을 갖는다는 말일 거예요. 그런데 왜 그게 안 될까요? 왜 교사의 권한이 자꾸만 빠져나갈까요? 학교와 교육 시스템이 커지고 중앙 집권화된 이유도 있겠지만, 가장 큰 이유는 신뢰의 문제 같아요. 만약 교사가 모든 권한을 갖고 자율권을 행사했을 때, 사람들이 신뢰했으면 여전히 교사한테 모든 걸 맡겼겠죠.

영국에서도 처음에 교사 단위로 교육 과정을 운영했다가 나중에 중앙 집권식 국가 교육 과정으로 운영 방식이 바뀌었어요. 교육 과정 운영 권한을 이행하는 과정에서 많은 논쟁이 있었는데, 그때도 교사의 신뢰에 대한 문제가 도마 위에 올랐어요. 예를 들어서 동등한 교사 자격증을 갖고 있는 교사들이 수업을 한다면, 아이가 1반이든, 2반이든, 아니면 다른 학교에 다니든 비슷한 수준의 지적 성장을 보장해 줘야 되잖아요. 그런데 그 아이들끼리 편차가 생기는 거예요. 그러니까 교사를 못 믿고 최소한의 성취 수준에 대한 기준을 만들어 달라는 요구가 생기게 되었고, 그에 따라 교육 과정도 표준화된 거죠. 더구나 공교육이 의무 교육으로 바뀌면서 그 방식이 고착화된 것이죠. 평가도 마찬가지로 신뢰의 문제로 변화했어요. 교사의 평가 기준이 자의적일 수 있다고 생각하는 불신으로 인해, 전국 단위의 공통 시험이 생기게 된 거예요.

이런 불신으로 인해 교육 과정과 수업과 평가의 권한이 교사에게서 줄줄 빠져나가게 되었고, 지금에 와서 보니 교사로서 독립적으로 할 수 있는 게 별로 없는 형국이 된 거죠. 잘 아시겠지만 발령받자마자 너는 무엇을 가르치라고 국가 교육 과정에 딱 제시되어 있잖아요. 그리고 제한된 시간 안에 교육 과정을 처리하려다 보니 분량에 치여서 정작 본인이 하고 싶은 수업을 제대로 진행하지 못하죠. 그러는 와중에 서너 달에 한 번씩은 외부에서 시험을 치니, 진도 맞추기에 급급하고요. 그래서 교사의 주도성을 위해서는 교육 과정 운영, 수업, 평가에 대한 권한을 돌려주는 것이 우선적으로 해결해야 하는 과제입니다.

두 번째는 교사들이 전문성을 키워야 주도성을 가질 수 있어요. 그 동력은 '자의 반 타의 반'일 수도 있겠습니다. 최근에 와서 굉장히 좋은 변화 중에 하나가 배움의 공동체나 혁신학교의 수업 열기를 통해 교사들이 전문성을 갖추고 있다는 거예요. 지금까지는 폐쇄적인 공간에서 자기만의 수업을 단독으로 진행했어요. 그런데 자발적으로 자기 수업을 공개하고 자기 수업을 비평하게 하고, 그 수업에 대해서 함께 논의하며 스스로 수업을 개선하고 있어요. 이런 움직임은 바깥에서 시킨 것이 아니라, 내부로부터 생긴 불만을 스스로 개선하려는 의지에서 생긴 거예요. 지난 10여 년간 일어난 이런 노력들이 굉장히 중요한 변화라고 생각해요. 자기 수업을 개선하기 위한 노력이 '교사의 전문성'을 키우는 가장 큰 힘이라고 생각합니다.

세 번째는 교사의 주도성을 훼손시킬 수 있는 외부적인 환경인 제도와 규칙을 바꿔야 한다고 생각해요. 교사들만 노력해서 전문성을 얻고, 주도성을 갖출 수 없어요. 교원 단체나 교육청이 다 같이 노력해서 교육 중심의 학교 현장을 만들기 위해 노력해야지, 행정 중심의 학교를 만들어서는 안 돼요. 교육 중심의 학교는 학생 중심으로 교수 활동이 일어나는 수업이 우선되는 학교예요. 그래서 수업 중심으로 행정 지원 체제가 변한다면, 충분히 교직의 전문성과 주도성을 확보할 수 있을 거라고 생각합니다.

최영인 불현듯 제가 학교 현장에서 겪은 일이 생각나서 질문드립니다. 저는 7년차 교사로서 그간 여러 가지 업무들을 스쳐 왔거든요. 스쳐 왔다고 말씀드린 건 과연 그 업무에 대해서 제가 전문성이 있는가에 대한 의구심이 들어서인데요. 지금까지 저는 돌봄 업무도 맡아보고, 방송 업무도 맡아보고, 개인 정보 보안과 관련된 업무도 맡아보았습니다. 그리고 올해 과중하기는 하지만 교육 과정 연구부장을 맡았는데요. 업무량은 절대적으로 많아졌지만 업무로 인해 받는 스트레스가 많이 줄었어요. 왜 그런가 하고 생각해 봤어요. 그전까지 했던 업무들은 '교사인 내가 왜 이걸 해야 하지?' 하는 생각이 드는 업무들이 많았거든요. 그런데 연구부장 업무는 방금 교수님이 교사 주도성을 보장하기 위해 말씀하신 교육 과정, 수업, 평가에 대한 권한을 도맡아 하고 있기 때문에 업무에 대해서 스트레스가 많이 줄어 들었다고 생각하는데요. 사실상 교육과 거리가 있는 업무들이 학교 현장에는 확실히 존재하는데, 그러한 업무들을 어떻게 덜어 내면 좋겠는지, 구체적으로 덜어 낼 수 있는 방법이 무엇일지, 또 학교 내부에서는 어떤 노력을 해야 하는지 말씀해 주십시오.

성기선 제가 지난번에 도 의회에서 의원들에게 제발 학교 현장을 옥죄는 조례를 만들지 말아 달라고 부탁한 적이 있어요. 의원들은 조례를 많이 만드는 게 자기들 실적이거든요. 그런데 학교 현장에서는 조례나 법률이 많아질수록 엄청난 일들이 계속 터집니다. 처리할 행정 인력도 없는데 조례나 법률이 또 생기니 기존 교사들이 늘어난 업무를 처리해야 하죠. 교육 활동과 관계없는 일을요. 그러다 보니, 수업은 뒷전이고 밤새 행정 업무 처리하느라 바빠요. 이 문제를 한꺼번에 해결할 수 있는 방법은 없지만, 적어도 '정책 일몰제'는 있어야 돼요. 그리고 수업과 관계없는 일을 과감하게 덜어 내야 해요. 지금은 꼭 해야 하는 일인지 안 해도 될 일인지를 판단하지 못해요. 안 하면 바깥에서 제재가 들어오니까 안 해도 될 일을 하고 있는 거죠. 그것을 종합적으로 검토해서 들어낼 건 과감하게 들어냈으면 좋겠고요. 그리고 앞으로 입법 활동을 할 때도 교육 활동을 방해하는 조례나 법률은 사전에 검토해서 제외했으면 좋겠어요. 대규모 토목이나 건축 공사를 하기 전에 환경 역량 평가를 하잖아요. 평가를 통해 자연을 크게 훼손하지 않으면 다리를 놓거나 터널을 뚫거나 하는데, 교육 입법 활동에도 그런 과정이 있어야 한다고 생각해요. 그리고 교육청이나 교육지원청에서는 학교로 들어오는 행정 업무들을 가능한 한 막아 줘야 해요. 지금은 그런 업무들이 너무 많이 들어와 있어요. 1년에 한 학교에서 교장이 결재하는 공문이 10,000개 정도 된다고 해요. 지난번에 공문을 줄여 달라고 하니까 공문 줄이라는 공문이 또 내려왔다는 웃지 못할 일이 벌어졌죠. 말이 안 되는 일들이 벌어지고 있어요.

김진영 우리가 교육 선진국이라고 부르는 외국의 사례를 살펴보고 벤치마킹하는 일도 필요할 것 같아요.

성기선 외국에는 일방적으로 공문을 내리는 방식으로 일 처리를 하지 않더라고요. 중요한 문제가 있으면 교내 회의를 통해서 각 학교가 알아서 하도록 하더라고요. 우리도 학교 안에서 자체적으로 처리할 수 있게 교장에게 권한을 상당 부분 위임해 줘야 된다고 생각해요. 교장이 판단해서 필요 없는 일은 하지 말도록 해야겠죠. 지금은 학교운영위원회가 있잖아요. 학교운영위원회는 학교의 민주적인 의사결정 집단이고, 법적인 근거를 통해 권한도 상당 부분 부여해 줬어요. 그래서 교장이 독단으로 사안을 처리하지 않지요. 문제가 생겼을 때 교장이 판단해서 어떤 이슈가 되는 사안은 학교운영위원회의 의견을 받고, 최종적인 결정은 교장이 교직원 회의를 통해 내릴 수 있도록 해 주면 더 이상 공문 처리나 행정 업무에 시간을 뺏기지 않아도 되죠. 예를 들어 학교 폭력 문제를 줄이라는 이슈가 생기면 학교폭력대책심의위원회를 구성하는 게 아니라, 학교운영위원회에서 논의하고 교직원 회의를 통해 결정하면 되는 거죠. 이러저러한 위원회를 중복해서 구성하지 않아도 되고요. 그러면 학교에 자율권도 주고 행정 업무도 줄일 수 있을 것 같아요.

교육과 행정 업무

최영인 학교 내의 문제도 있어요. 어떤 업무가 오면 이건 교무실에서 처리해야 할 건지, 행정실에서 처리할 건지 학교마다 기준이 다르거든요. 교장 선생님과 행정실장님이 어떻게 결정하느냐에 따라 업무 처리 범위가 달라지죠.

성기선 요즘 대한민국 학교 현장의 '뜨거운 감자' 중 하나가 행정 업무를 두고 행정실과 교무실이 '밀당'하는 거죠. 이 문제의 근본적인

원인은 학교 단위의 행정 인력이 굉장히 부족하기 때문이에요. 이제
는 행정 인력의 부족분을 메꾸기 위해 인력 재배치에 대해 고민해야
할 때입니다. 우리는 고등학교가 중학교의 확장형이잖아요. 그런데
외국은 고등학교가 대학교의 축소형이에요. 그러니까 고등학교에
행정 담당 직원이 있어요. 코디네이터 역할을 하는 사람이 업무를 처
리하면서 권한도 막강해요. 권한이 막강하다는 건 그만큼 해야 할 일
도 많다는 것이고, 외부에서 오는 행정 업무를 거의 총괄한다는 의미

예요. 우리도 행정실에 자율권을 주고 권한도 주되 교사들 업무의 상당 부분을 이관할 수 있는 그런 변화가 필요해요. 교무실에서는 교수 활동, 학생 상담, 수업과 관련된 업무를 담당하고, 그것에 대한 지원은 행정실에서 한다고 법으로 명쾌하게 명시해 주어야 돼요. 지금 교육청에서도 업무 영역별로 직무 분석을 통해 어떤 역할은 행정실에서 담당하고 어떤 역할은 교사들이 담당해야 한다고 정리 중인데요. 물론 그 경계에 있는 애매한 업무들이 없지는 않아요. 행정 업무인지 교육 활동의 연장인지 구분하기 어려운 문제는 구성원들끼리 논의를 통해 해결해야 돼요. 처음 시작하는 거니 분란이 일어나더라도 일단 진행해 가며 수정하고 보완했으면 좋겠습니다.

김태호 그와 관련해서 교장, 교감, 행정 실무사가 공문을 처리해야 한다는 요구가 교원 단체에서 계속해서 나오고 있어요. 대다수의 교사들은 찬성하는 바이고요. 실제로 외국에서는 그렇게 하고 있는데 우리나라는 그렇지 못하죠. 심지어 초등학교 교장 선생님이 직업 만족도가 가장 높다는 조사 결과가 나오기도 하는데요. 교수님은 우리나라의 교육 환경에서 교원 단체의 요구가 실현 가능한 일이라고 생각하십니까? 아니면 가능해지려면 다른 전제가 있어야 될는지요?

성기선 학교에서 교감의 역할이 애매해서 지금은 이 일 저 일 다 하기도 하고 전혀 안 하기도 해요. 어떤 사람은 업무가 굉장히 많은 반면에, 어떤 사람은 부장이나 일반 교사에게 업무를 전달하는 중간 연결자 역할만 해요. 그런데 교감 정도면 행정을 총괄할 수 있게 해 주어야 된다고 생각해요. 행정실장이 따로 있을 게 아니라 교감이 행정실장을 겸해야 된다고 생각해요. 그렇게 해야 교감이 행정실 담당자에게 지시할 수도 있는데, 지금은 그렇지 못하니까 교장, 교감한테 행정 업무를 다 처리하라고 요구를 못하죠. 그런 구조의 변화가 있다면 교사들에게 분장한 업무에 대한 보고는 받되, 최종적인 결재나 공문서 처리는 교장이나 교감 수준에서 책임을 질 수 있을 것 같습니다. 수업을 빼 주고 권한을 부여하고 업무를 총괄하게 하면 교감들에게도 의미 있는 변화가 될 거라고 생각해요. 지금 대규모 학교의 경우에는 교감이 2명이나 있어요. 2명을 둔 이유는 업무를 지원하라는 이유거든요. 그런데 간혹 지원하지 않고 군림하려는 사람들도 있어서 교사들과 갈등이 일어나요. 교감의 역할을 조금 더 분명하게 해야 하고요. 교장 역시 결재권자로서 책임 의식을 가져야 한다고 생각합니다.

코로나 19와 교육 플랫폼의 변화

김진영　교사들이 짊어진 짐을 외부에서 어떻게 나누어 가져갈 것인가에 대한 이야기를 들으면서 속이 시원해지는 느낌을 받았습니다. 저는 교사 내부로 들어가서 이야기를 하고 싶은데요, 코로나 19로 인해 수업 플랫폼이 갑작스럽게 변화하면서 학교 현장이 굉장히 혼란스러웠어요. 그런데 그런 상황 속에서 교사들은 서로 도움을 주고받으면서 무척 빠르게 대응하는 모습을 보여 주었습니다. 외부에서는 그런 교사 집단을 보며 매우 놀라워했는데요. 더불어 수업 환경이 온라인으로 변화하면서 수업의 본질과 공교육의 역할에 대해 심도 있게 고민해야 한다는 내부의 목소리도 커졌습니다. 그런 2년간의 변화를 살펴보면서 '교사는 어느 직업보다도 변화를 빠르게 감지하고 체화해서 반영해야 하는 직종이 아닌가?' 하는 생각을 하게 됐어요. 이 유연함을 증진하기 위해 교사들에게 가장 필요한 게 뭐라고 생각하시나요?

성기선 '교육은 매우 보수적인 활동'이라는 시각이 전통적으로 강했습니다. 그런데 교육은 두 가지 측면을 갖고 있어요. 하나는 기존의 문화와 제도와 가치를 보전하여 전수하고 이어 나가도록 하는 보수적인 시각, 다른 하나는 지식을 전달하고 참신한 아이디어를 만들고 새로운 가치를 창출해서 사회를 변화시키려는 진보적인 시각, 이두 가지를 동시에 갖고 있는 게 교육입니다. 물론 학교급이 올라갈수록 보수적인 시각에서 진보적인 시각이, 현재를 유지하려는 생각에서 변화를 추구하려는 시각이 점점 강화됩니다. 그런데 교사들은 현재 것을 지키며 지식을 전달하는 데 비중을 더 두고 있다고 생각해요. 그런 의미에서 학교는 사회 변화에 무척 둔한 기관이라고 인식되었지요. 그럴 수밖에 없다는 점도 한편으로는 동의해요. 지식, 가치, 사회가 급변하는 것을 학교가 다 반영할 수 없으니까요. 교육 과정만 봐도, 지금이 2022년인데 '2015 개정 교육 과정'을 운영하고 있잖아요. 예전의 지식을 전달하는 셈이고, 지금 막 만들어지고 있는 지식과 가치는 전달되지 않아요. 물론 교사들이 스스로 학습해서 현재의 실정에 맞게 접목하여 교육하고 있죠. 그런데 코로나 19 상황을 맞으면서 우리가 생각했던 것, 그 이상으로 학교가 퍽 빠르게 대응을 했어요.

2020년에 코로나 19 대책을 세우기 위해 노심초사하며 교육부, 청와대, 한국교육과정평가원, 한국교육학술정보원, 한국교육개발원 담당자들과 매주 회의를 진행했어요. 평가원은 각국이 교육 과정과 평가 측면에서 어떻게 대처하는지 조사하고, 정보원에서는 온라인 플랫폼을 어떻게 확장하고 운영하는지 조사하는 등 매주 전 세계의 네트워크를 활용해서 정보를 수집하고 대책을 논의했어요. 3월부터 6월까지 넉 달 정도를 그렇게 보냈는데, 신기하게도 시간이 지날수록 쟁점이 되는 논의 소재들이 점점 사라져 갔어요. 또 다소간 혼란도 있었지만 학교 현장의 적응 속도가 매우 빨랐어요. 한국 교사들의 디지털 활용 능력이 매우 뛰어나서 놀랄 만한 속도로 외부 환경의 변화에 적응해 간 거죠. 특별히 가르쳐 주거나 지시하지 않아도 스스로 변화에 대처하는 것을 보고 우리나라 교사들의 역량이 매우 뛰어나다고 생각했죠. 외국에서도 도저히 이해할 수 없다고 했어요.

외국에서 한국은 2020년 가을에 수능을 칠 수 있냐고 물어보더라고
요. 외국에서는 국가적인 시험을 전부 취소한 상황이었거든요. 48만
명이 문제없이 수능을 치고 대학에 진학하는 모습을 보고, 외국에서
우리의 대처를 아주 긍정적으로 평가해 줬습니다. 우리는 불안했지
만 착실히 준비해서 전국 단위 평가에 성공한 거죠.

김태호　온라인 수업에 대한 빠른 적응력을 높게 평가해 주셨는데
요. 저희 학교에서 실질적으로 온라인 수업을 운영하는 LMS(learning
management system)는 구글에서 운영하는 '클래스룸'이에요. 주변 학
교를 봐도 상당수가 사실 국가가 제공하는 플랫폼을 거의 사용하지
않았어요. 대부분 MS나 우리나라의 사설 벤처 기업들이 만든 다양한
앱을 사용했는데요. 그러면서 느낀 게 국가 수준이나 지역 수준에서
LMS에 대한 관심도가 아주 낮다고 생각했습니다. 지금도 여전히 사
설 업체의 LMS를 사용하고 있으니까요. 저희 학교의 경우 온라인 교
무실까지도 구글에서 거의 구축하고 있는 상황이에요. 물론 현재는
무료로 쓰고 있는데요. 유료화가 되면 엄청난 금액을 우리가 지불해
야 되는 건데, 그렇게 되면 우리나라의 교육 LMS 시장도 외국 업체
에 종속되는 것 아닌가 하고 우려가 됩니다. 이 상태로 가다가는 나
중에 사용료를 지불하라면 그냥 지불할 수밖에 없는 상황이거든요.

성기선　현재는 국가 수준에서 LMS를 구축할 때 걸림돌이 되는 이

상한 규정이 있어요. 대기업은 참여할 수 없다는 규정인데, 그렇다고 중소 업체에게 LMS 구축을 맡기면 글로벌 기업인 구글과 경쟁이 안 되잖아요? 돈은 돈대로 투자하고 정작 아무도 사용하지 않게 되는데, 지금도 그런 국가 주도의 IT 시스템이 실패한 사례가 많아요. 우리 대기업이 세계적 경쟁력을 갖추고 있는 지금, 대기업에도 참여할 수 있게 길을 열어 주어야 해요.

그리고 앞으로는 메타버스(metaverse)를 교육에 적극 도입해야 해요. 이름하여 'K-에듀버스'라고 하여 메타버스 교육 종합 플랫폼인데, 지금 관계 기관에서 이야기가 나오는 중이고 또 준비도 하고 있어요. K-에듀버스에는 초등학교, 중학교, 고등학교, 대학교에서 필요한 교육 프로그램과 온라인 수업이 모두 담겨 있습니다. 뿐만 아니라 평생 학습 차원에서 노인 교육, 자격 교육, 지역 사회 문화 교육, 예술 교육 등의 콘텐츠도 담을 수 있습니다. 그렇게 되면 K-에듀버스를 고교학점제와 연결할 수도 있습니다. 국가가 하나의 시스템을 만들어 운영하는 것이 중앙 집중화하는 것 같아 문제가 된다면, 서울, 인천, 경기, 충청 중부권, 호남권, 영남권과 같이 광역 단위로 운영하고 그들끼리 소통하도록 지원하면 될 것 같아요. 필요한 콘텐츠들이 모이고 그 안에서 계속 양산되고 교류될 수 있도록 공교육 차원에서 종합 플랫폼을 만들어야 된다고 생각합니다. 이미 아이디어가 나오고 있으니, 곧 그렇게 될 거라고 믿고 있습니다. 물론 한 번에 실현되고 완성되지는 않겠지요. 그렇지만 계속 만들어 나가고 축적

한다면 굉장히 유의미한 매체로 작용할 거라고 생각합니다.

김태호 교수님 말씀은 굉장히 좋은 아이디어 같아요. 그렇게 된다면 표준화된 교육 과정이 변화되는 과정을 우리가 겪을 것 같은데요. 기존에 학교에서 받는 수업과는 양태가 상당히 다를 것 같아요. 메타버스 방식으로 수업을 하게 되면 언제 어디서든 접속할 수 있어서 기존의 시간표라는 개념도 사라질 것 같고요. 또 온라인 수업이기 때문에 교육 과정 운영도 학교에서만 이루어지지 않을 것 같고요.

성기선 지금 수업의 개념은 산업화 시대의 개념이지요. 정해진 시간에 앉아서 1교시에 영어, 2교시에 국어, 3교시에 수학을 똑같이 들어야 하죠. 그런데 미래에는 그 시간 외에도 수많은 정보를 얻을 수 있는 매체가 넘치는데, 과거와 똑같은 방식으로 수업을 해야 할까요? 플립 러닝(flipped learning)처럼 미리 배워 와서 수업 시간에는 자기 생각을 논의하거나, 미리 배운 걸 토대로 새로운 아이디어를 만드는 집단 창작 형태로 수업 방식을 바꾸어야겠죠. 모였을 때만 할 수 있는 일들을 학교에서 해야겠죠.

수업을 하다 보면 이런 안타까운 경험이 있잖아요? 기본 지식을 전달하는 것도 필요해서 그걸 설명하다 보니 시간이 다 가 버린 경험. 그러다 보니 기본 지식을 기반으로 한 발 더 나아갈 수 있는 수업을 할 시간이 없죠. 블룸(B. Bloom)이라는 교육학자는 '교육 목표 분류학'에서 인지적 영역을 지식 획득 과정의 난이도와 복잡성 수준에 따라 여섯 단계로 분류했어요. 단순히 지식을 아는 것, 이해하는 것, 적용하는 것, 분석하는 것, 종합하는 것, 그리고 평가하는 것으로 분류했죠. 그리고 상위의 인지적 영역으로 올라갈수록 한자리에 모여서 서로 이야기하고 다른 사람 의견도 듣고, 비판도 하고 이런 과정들이 있어야 한다고 설명했어요. 그렇게 해야 제대로 인지하게 되고 자기 지식이 된다고 말한 거죠. 지금은 선생님들이 주어진 시간은 제한되어 있고 가르쳐야 될 분량은 많으니 그런 수업을 할 수 없는 거예요. 그렇다면 교육 과정을 줄이면 문제가 해결될까요? 그건 부차적인 것에 불과한 거죠. 그렇다면 조금 전에 이야기한 다양한 매체들이 문제를 해결해 줄 수 있을까요? 매체가 주(主)가 돼서는 안 되지요. 그건 하나의 보조 장치인데 그것에 의존해서 지식을 습득하는 것은 모래알 같은 '정보'를 아는 것이지 '지식'을 아는 건 아니에요. 매체를 활용해서 정보를 미리 주고, 수업 시간에는 토의하고 토론하며 관계를 형성하는 겁니다. 타인의 의견도 존중하고, 자기 의견도 이야기하는 과정 속에서 창의적인 생각이 나온다면 훨씬 수준 높은 수업이라고 할 수 있겠지요. 그게 미래의 학교가 해야 할 일이라고 생각해요. '4차 산업 혁명이 학교 교육의 재앙이냐 축복이냐?'는 우리가 하기 나름인 거예요. 지금은 '딱딱하고 경직된 수업, 전달식 수업, 암기식 수업, 교과서적 수업'이라는 비판을 극복할 수 있는 매우 중요한 전환점에 서 있는 것 같아요. 기술 혁명을 적극 활용한다면 수업의 질은 확연히 달라질 거라고 생각합니다.

승진 경쟁

김진영 이제는 주제를 조금 바꿔서 승진 제도에 대해 어떤 생각을 가지고 계신지 질문드리고 싶습니다. 좀 전에 교장, 교감 선생님의 권한에 관한 이야기도 나왔었는데요. 학교 자치가 강조될수록 학교장의 권한이 강해질 것 같아요. 선생님들 간의 승진 경쟁이 심해질 것 같기도 하지만, 그에 대해서는 기존 세대와 젊은 선생님들 간에 온도차가 있더라고요.

성기선 승진 제도가 교사 문화를 경직화한다는 문제점을 우리는 잘 알고 있지요. 2급 정교사 자격증을 따고 3~4년이 지나서 1급 정교사 자격증을 따요. 그리고 연구 점수와 근무 평가와 근무 연한, 이걸 합쳐서 교감 승진 대상이 되죠. 그런데 원래 교감, 교장이 되려고 교사가 된 게 아니라, 아이들을 가르치고 배우는 게 좋아서 교사가 됐는데, 어느 순간 '승진의 노예'가 돼서 승진이 교사 인생의 최종 목표처럼 되어 버린 경향이 있어요. 한 사람만 그런 게 아니고 대다수가 그러니까, 경쟁이 심해지고 교직 문화에 파열음이 일어나죠. 나이가 들면 승진에 대한 욕구가 생기는 것은 어찌 보면 당연한데, 지금은 너무 과하다는 생각이 들어요. 더구나 승진의 잣대가 실적주의라기보다는 조금 비합리적인 방식으로 이루어져서 교육적으로도 옳지 못해요. 실제로 지금의 승진 구조를 보면 다른 부문에서는 대개 다 만점을 받게 되니, 결국 근무 평가 점수에서 승진이 좌우되는 거예요. 제가 연수원장을 할 때, 1급 정교사 자격 연수 운영하는 것을 살펴보니, 마지막에 객관식 시험을 치더라고요. 한 달간 교사 연수를 시켜놓고, 마지막 평가를 객관식 시험으로 해서 딱 서열화하더라고요. 제가 없애자고 말했는데 안 된대요. 이 점수가 나중에 교감 승진 명부 작성하는 데 반영된다고요. 그러니까 3~4년차 정도 된 교사들이 친 시험이 20여 년 후에 교감 승진하는 데 적잖은 영향을 미친다는 거죠. 다들 이해를 못 했지만, 실제로 그렇게 작동했어요. 다른 분야 점수가 대개 만점이니까 그때 시험 본 1~2점 차이가 나중에 승진 대상에 선발되느냐 안 되느냐에 작용하더라고요.

김진영 교감 선발이 되지 못하면 실력이 없는 교사처럼 치부되고, 개인적으로도 남들은 앞서가는데 나 혼자만 뒤처진 느낌이라 불안할 수 있죠. 정작 본인은 승진에 관심이 없는데도 교무실 분위기가 그러니까 동조해야 할 것 같고, 자리는 한정되어 있으니 경쟁이 치열해지기도 하고요. 교사들 스스로가 경쟁 문화 속에 있는데, '학생들에게 협력을 가르칠 수 있을까?' 하는 의문이 들기도 합니다. 획일화된 승진 구조의 대안으로 나온 게 '수석 교사제'인데요. 이건 어떤가요?

성기선 　수석 교사제도 정착을 못하고 있습니다. 학교마다 수석 교사 자리를 하나씩 더 주었더라면 큰 문제가 없을 수도 있었을 텐데, 기존에 있는 교사들에게 수업 시수를 더 부과하면서 수석 교사의 수업을 빼 주라고 하니까 교사들이 서로 싫어하는 거죠. 또 교육과 연구에 탁월한 역량을 갖춘 사람을 수석 교사로 선발했다면 모르겠는데, 실상 그렇지도 않거든요. 사실 학교 현장의 교육 변화를 위해서 가장 바람직한 승진 제도는 승진을 없애는 거라고 생각했어요. 승진을 없앤다는 것은 누구나 승진을 할 수 있지만, 자동 승진은 안 되게 규정을 두는 거예요. 예를 들어 1급 정교사 자격증을 받고 일정 수준의 교육 경력과 평가를 받는다면 1급보다 더 위의 가칭 '특급 정교사 자격증'을 받든가 하는 방식으로 바꿀 수 있겠죠. 대학에서 교수들은 조교수, 부교수, 정교수로 직급이 변하잖아요. 이때 자동 승진이 안 돼요. 수많은 기준이 있고 까다롭습니다. 그런 방식으로 기준을 만들어서 직급을 변경하고, 교장이나 교감은 보직제 방식으로 변해야 된다고 생각해요. 그런데 이런 이야기를 하면 실현 가능하냐고 따져요. 이해관계에 따른 기존의 장벽들이 상당히 강고하게 버티고 있죠.

김태호 　그래서 대안으로 '공모 교장제'가 조금씩 확대되고 있는 것 같아요.

성기선 　최근에 공모 교장제가 확대되면서 한편에서는 승진을 준비했던 교사들이 불이익을 받는다고 또 갈등이 일어나고 있어요. 그런데 제가 보기에는 내부 공모나 공모 교장제를 통해 역량 있는 사람들이 교장으로 선출되었다고 생각해요. 지난 10년 동안은 '공모제' 교장을 마치면 다시 학교로 돌아오는 순환 구조를 실험한 기간이었다고 생각하는데, 그 나름 성공적이라고 평가합니다. 어떤 학부모 토론회에 참석했더니 공모형으로 온 교장과 승진되어 온 교장을 비교하더라고요. 그리고 결론으로 공모형 교장이 훨씬 더 열성적으로 일하니, 공모를 조금 더 확대했으면 좋겠다고 말하더라고요. 그래서 지금의 승진 제도를 완전히 없앨 수는 없지만, 그걸 보완하는 방식으로 공모 교장제를 계속 확대해 나가면 교직 문화도 바뀔 것 같아요. 그래야 교장이 되는 게 인생의 목표가 아니고, 퇴임할 때까지 학교 현장에 있으면서 학생들과 교류하고 거기에서 보람을 느끼는 것이 교사의 목표로 정립될 수 있을 것 같아요. 또 그런 분들께 인센티브를 제공하고 우대하는 정책이 뒤따라야지, 행정 처리만 잘하고 교장한테 잘 보이는 사람을 우대해서는 안 된다고 생각합니다.

MZ 세대의 승진 문화

김진영　저는 요즘 MZ 세대 교사들에게서 조금 다른 욕망을 읽어요. 예전에는 승진에 대한 욕구가 강했고 그것으로 인한 내적 욕망이 있었다면, 요즘은 승진보다 블로그나 SNS에서 인플루언서(influencer)

교사로 영향력을 미치고, 책을 내고, 강의를 하는 등의 활동을 더 매력적으로 생각한다는 느낌이 들거든요. 제 주변 교사들도 수업 연구를 위한 자료를 관(官)에서 주도하는 플랫폼에서 얻는 게 아니라, 대부분 인플루언서 교사들이 올린 블로그 포스팅을 통해 얻고 있어요. 실제로 인플루언서 교사들은 콘텐츠 개발 능력과 교육 과정 재구성, 교수법에 관한 노하우가 매우 뛰어나서 다른 교사들로부터 신망과 유명세를 한꺼번에 얻고 있습니다. 교수님은 앞으로 이런 현상들이 교육 현장에 어떠한 변화를 불러올 거라고 생각하시나요? 더불어서 이런 새로운 세대의 욕망을 승진과 연계할 방안이 있을지에 대한 생각도 궁금합니다.

성기선 MZ 세대의 등장은 교직 문화를 약간 뒤집어 놨다고 여러 사람들이 이야기하더라고요. 그런데 승진에 무관심한 것은 MZ 세대만의 특징이 아니고, 예전에도 '교포자'라고 해서 교장을 포기한 교사들이 있었어요. 교사가 승진에 대해 관심을 갖지 않으면 굉장히 자유롭잖아요? 교장을 포기하는 순간 마음이 그렇게 편해져요. 가산점 받으려고 도서 벽지나 접경 지대에 안 가도 되고, 농어촌에 근무하지 않아도 되고 일부러 청소년 단체를 주도하지 않아도 돼요. 자기가 하고 싶은 것을 할 수 있죠. 지금은 그런 세대가 광범위하게 퍼지니까 학교에서도 문화가 바뀌고 있는 거죠. 저는 굉장히 긍정적인 변화라고 생각합니다. 승진하려고 노력하는 사람도 있고, 승진과 상관없이 자기 전문성을 키우면서 일에 대한 만족을 느끼는 사람도 있는 거죠. 다만 경계해야 할 건 지나치게 개인화되어서 남의 눈치 보지 않고 혼자만의 방식으로 학교생활을 해서는 안 된다는 거예요. 학교라는 공동체에서는 집단이 책임져야 될 일들이 생기거든요. 그런 문제에 대해 어떤 식으로 조화롭게 책임을 질 건지에 대한 과제가 교사들 사이에 있다고 생각해요.

MZ 세대가 개인주의적인 경향이 강하다고 하지만, 선배 교사들도 그들의 유연한 사고방식은 배워야 해요. 지금 MZ 세대의 비율이 유치원, 초중고등학교를 합치면 전체적으로 절반을 넘어서요. 유치원은 70%가 넘었고 중고등학교는 약 40% 정도 된다고 해요. 한 4~5년만 지나면 중고등학교도 절반을 넘어서지요. 그들에게 교사다움, 선생님은 이래야 된다는 어떤 기준을 강제하는 것은 변화하는 문화를 읽지 못하는 구시대적 사고방식이죠. 아마 선생님 중에 '내가 젊었을 때는 안 그랬는데 요즘 애들은 왜 저러지.' 하고 생각하시는 분들도 많을 거예요. 그런데 옛날에 공자(孔子)도 그랬대요. 요즘 젊은 애들은 참 버릇이 없어서 큰일이라고. 그런 불만은 시대를 떠나 늘 존재했어요. 핵심은 그런 불만을 슬기롭게 해결해 나가야 한다는 건데, 저는 그런 갈등을 해결하기 위해서는 수평적인 문화가 필요하다고 생각해요. 생각해 보면 학교는 다른 조직보다는 훨씬 수평적이에요. 기본적으로 1년차 교사나 30년차 교사나 다 선생님이에요. 예를 들어 30년 동안 근무했던 학교에서 제자가 교사로 부임해도, '김 선생님', '이 선생님' 하고 존칭해 줘요. 일반 회사하고는 또 다른 문화죠. 10년 뒤에는 MZ 세대도 요즘 친구들은 이해가 안 간다고 그럴 거예요. 그리고 그들도 지금은 자유롭지만 10년, 15년 근무하다 보면 승진을 고민할 때가 있을 거예요. 그때 그들이 역량 중심, 실력 중심으로 승진할 수 있게 우리는 구조를 만들어 주어야 해요. 그들을 담을 수 있는 그릇을 키워야지, 좁은 그릇에 그들을 담으려고 하면 안 담기니까, 제도와 형식을 시대 변화에 맞춰 바꿔 줘야 합니다.

최영인　저는 겨우 그 MZ 세대에 막차로 탑승했다고 생각하는데요. 어디 가서 윗세대라고 말하기는 좀 뭐하고 그렇다고 요즘 세대랑 어울리기에도 좀 민망하더라고요. 그렇지만 저 또한 MZ 세대의 특성을 많이 갖추고 있다고 생각합니다. 저는 승진에 대한 생각이 없거든요. 대신 수업하는 걸 좋아해서 아까 이야기하신 수업을 SNS에 매일 기록하는 사람이 바로 저거든요. 그래서 저는 수석 교사가 되고 싶었어요. 그런데 점점 수석 교사가 사라지고 있고, 새로 뽑지 않는 걸 보면서 진로 고민을 하게 되었습니다. 저는 교사가 되고 나면 진로에 대해서 고민하지 않을 줄 알았는데, 승진에 대한 생각은 없고, 되고 싶던 수석 교사제는 사라지고 나니, 진로에 대해 많이 고민하게 되더라고요. 개인적인 질문일 수도 있지만 MZ 세대들에게 제시해 줄 수 있는 또 다른 진로가 혹시 있는지 궁금합니다.

성기선 대학생이나 중학생, 고등학생 진로 고민은 들었지만 교직 경력 7년인 교사가 진로를 고민한다는 이야기는 굉장히 생소한데, 아마 그 말은 지금 자기의 역량을 어떤 곳에 집중할 건가에 대한 고민인 것 같아요. 제가 해 주고 싶은 말은 수석 교사, 교장, 교감 모두 신경 쓰지 말고 아이들 중심으로 생각하라는 거예요. 그렇게 하루하루 보람을 느끼는 교사가 되면 좋을 것 같고, 나이가 들면 어느 쪽으로 가야지 하고 미리 생각할 필요는 없을 것 같아요. 평교사로 정년 퇴임하는 걸 영광스럽게 생각하는 사람들도 있고, 그들을 존경하는 사람들도 있어요. 수석 교사제 이야기는 별도로 해야 되겠지만 적어도 교장·교감 승진에 대해서 구속받지 않고, 정말 수업하는 것을 재미있어 하는 교사가 되었으면 좋겠어요.

아까 말한 MZ 세대의 교사들처럼 전문성을 계속 쌓아서 자기 책도 출간하고, 연구 모임이나 전문적 학습 공동체, 교과 모임이나 교사 동아리를 통해서 전문성을 공유하고, 인플루언서 교사가 돼서 계속 확산하면, 아주 바쁠 것 같은데요. 지금은 그 일에 대해 고민하고 집중하면 될 것 같아요. 나중에 나이가 들면 '번아웃(burnout)'이 될 수도 있고, 다른 고민들이 생기겠죠. 그런데 그때 고민을 미리 할 필요는 없을 것 같아요. 지금은 가르치는 게 재미있잖아요. 그거면 충분하죠.

김태호 중견 교사의 입장에서는 젊은 선생님들의 등장이 세대 간 갈

등 또는 세대 간 경쟁이라고 느껴지는 면도 있어요. 젊은 선생님들이 역동성, 창의성은 굉장히 뛰어난데 주장이 강해 갈등을 겪기도 하거든요. 예를 들어 5시 이후에 협의회나 회의를 금지해 달라는 주장을 하기도 하는데요. 그래서 학교 일과 중에 모든 걸 마치려니까 협의회 시간이 퍽 짧아지고, 당연히 논의의 강도도 약해지지요. 여전히 이런 문제는 해결이 잘 안 되고 있어요. 학교라는 조직을 떠나서 어떤 조직이든 시간의 문제는 굉장히 예민한 부분이잖아요. 이런 시간의 문제뿐만 아니라 다른 부분에서도 사익과 공익의 충돌이 자주 일어나요. 공공성을 사유화하는 행태도 많이 보게 됩니다. 목소리가 큰 젊은 선생님이 자기의 스타일대로 학교를 끌어가는 것도 본 적이 있고요. 그래서 저는 새로운 공공성에 대한 정의가 필요하겠다고 생각했어요. 기성세대들이 갖고 있는 생각과 새로운 세대들의 생각이 충돌한다면 그 과정이 얼마가 걸리든 간에 새로운 공공성에 대한 합의가 있어야 된다고 생각해요. 교수님은 학교 안에서 새로운 공공성을 찾아야 한다면 어떤 데에 방점이나 가치를 두어야 한다고 생각하시는지요?

성기선 제가 초임 교사 시절에 공강 시간에 책을 보고 다음 수업을 준비하고 있으면, 주위에 선배 교사들이 자꾸만 난롯가로 오래요. 거기 앉아서 수업 이야기나, 아이들 이야기, 교육 프로그램 이야기를 할 거라고 기대하고 있었는데, 아니에요. 오늘 저녁 반찬을 뭘로 하냐느니, 낚시터는 어디가 낫다느니, 시댁이나 처가가 어떻다느니. 일상적인 이야기들을 너무나 자연스럽게 해요. 처음에는 그냥 편하고 좋았는데 그게 지속되는 걸 보고 교무실의 문화가 교육 중심으로 흘러갈 거라는 제 기대를 접었어요. 친해지는 건 좋은데, 한 50퍼센트 정도 그런 사적인 일상 이야기를 하고, 나머지 50퍼센트 정도는 공통된 고민이나 해결해야 할 아이들 문제에 대해 이야기를 했으면 좋았을 텐데, 그런 논의가 없었어요. 학교에서 오전 9시부터 오후 5시까지 근무한다면, 그 시간은 공적인 영역이에요. 그럼 공적인 영역에서는 공적인 이야기를 해야겠죠. 그 시간에는 일에 몰두하고 5시 이후에 사적인 일을 하면 되겠죠. 그런데 시간은 공적으로 잘 지키면서 그 시간 동안 사적인 일을 해요. 우리나라 기업도 마찬가지로 조직 문화가 조금 비효율적이에요. 그 이유는 공과 사가 구분이 잘 안되어 있기 때문이에요. 짧은 기간이지만 미국의 대학교에 가서 행정업무 처리하는 분을 보았는데, 엄청 바빠요. 사적인 전화는 일체 안하고, 점심시간이라는 것도 없더라고요. 점심시간에 햄버거 먹으면서 계속 일해요. 그러고는 딱 칼퇴근해서, 바로 차 몰고 서핑하러 나가더라고요. 주어진 근무 시간 안에는 사적인 데 관심을 두지 않고 일을 하다 보니, 생산성이나 효율성이 굉장히 높아요. 그런 부분에서 우리는 반성할 게 많아요. 노동 시간은 긴데 효율성이 떨어진다고 비판하는 이유는 그 업무 시간을 관찰해 보면 알 수 있어요. 학교라는 공적인 공간에서 사적인 일을 처리하고, 정작 공적인 논의를 하자

면 시간이 없대요. 물론 학교에서 해야 될 일은 학교 안에서 다 마쳤
으면 좋겠다는 건 동의해요. 채점을 한다든가 추천서를 쓴다든가 기
록부를 쓴다든가 하는 일부 업무들은 집에 들고 갈 정도로 일이 많
다는 것도 인정해요. 그렇지만 수업에 지장받지 않는 범위에서 학교
일을 논의할 수 있는 시간을 따로 마련해야 돼요. 수업 시간이 모두
다르니까 일주일에 한 번 정도는 방과 후에 별도로 시간을 만들든
가 해야겠죠. 사실 어떻게 하라고 강제할 순 없지만 학교 문화가 조

금 더 전문적이고 공적으로, 학생 중심적으로 바뀌어야 한다고 생각해요. 당연히 일과 시간 안에 일을 끝낼 수 있게 행정 업무는 많이 빼줘야겠죠. 결국은 교사들끼리 방향성에 대한 합의가 전제되어야 할 것 같아요.

김진영 저는 사실 현재 승진 문제의 핵심은 젠더 문제라고 생각합니다. 교사는 여성의 비율이 압도적으로 높은 집단이지만 관리자로 올라갈수록 여성의 비율은 현저하게 낮아집니다. 아이를 낳은 여교사들은 오랜 육아 휴직으로 승진에서 점점 멀어져요. 부부 교원의 경우에도 남교사의 승진을 밀어주어야 하는 방향으로 사회적 압력이 작용하다 보니, 여교사가 일방적으로 육아를 떠맡고 휴직을 하는 경우가 많습니다. 남교원들의 육아 휴직이 늘고는 있지만 여전히 그 비율은 비교조차 되지 않는 상황이거든요. 저 역시도 연구원 활동도 하고, 강의도 하고, 책도 쓰는 등 다양한 활동을 하다가 육아 휴직으로 인해 그 경력이 모두 단절되는 경험을 겪었어요. 교직에서 이런 문화를 어떻게 하면 바꿀 수 있을까요? 바꾸는 게 가능하기는 할지 걱정됩니다.

성기선 어쨌든 긍정적인 측면은 남교사들이나 남성들이 육아 휴직을 쓰는 사회적 분위기가 점차 형성되고 있다는 점입니다. 지금 시대의 젊은 친구들은 성평등에 대한 요구가 아주 강해서 제도적으로도 그걸 뒷받침하고 있습니다. 다만 문화, 관행, 인식의 측면에서는 아직도 여성들이 불리한 건 사실이에요. 그래서 육아 휴직을 해도 그 기간을 경력으로 인정해 주고 근무 평정에서도 불이익을 받지 않게 해야 해요. 특히 저출생 문제가 심각한 상황인 만큼 오히려 인센티브를 지급하는 방식도 고려해 볼 수 있어요. 사실 아이 하나 키우는 게 보통 힘든 일이 아니거든요. 출산 초기에 1~2년 육아 휴직 준다고 해서 해결될 일이 아니죠. 교사가 학교에 아이를 데려와도 편하게 수업할 수 있는 시스템을 갖추고, 아이와 함께 출퇴근이 가능할 수 있게 하는 제도와 교사 내부의 문화가 필요합니다. 출산과 육아의 문제를 개인의 문제로 돌릴 게 아니라 사회가 함께 돌볼 수 있는 체제를 마련해야 합니다. 젠더 문제가 예민한 문제라 더 보완하고 검토해서 제도를 마련해야겠지만, 적어도 여교원들이 손해를 보는 지금의 구조는 한시바삐 바꾸어야 합니다.

교사의 학교 문화

최영인 학교 문화와 관련하여 말씀드리고 싶은데요. 제가 부산에서도 근무를 하고 경기도에서도 근무를 해 봤거든요. 그런데 두 지역의 교직 문화가 확연히 달라요. 부산은 보수적이고 집단주의적인 성격의 교직 문화를 가졌다면, 경기도는 개인주의적인 성격의 교직 문화를 가지고 있더라고요. 제가 둘 다 근무를 해 보니 장단점을 확실히 알겠더라고요. 집단주의 성향이 강한 곳에서는 경력이 다양한 선생님들과 한데 모여서 이야기를 나누다 보니 학급 운영 노하우나 실속 있는 팁을 많이 배웠어요. 그런데 개인주의 성향이 강한 집단에서는 눈치 보지 않아 좋지만 선생님들 간의 소통과 교류가 좀 부족하다는 느낌을 받았어요. 특히 초등학교 교사는 교무실에 모이지 않고 각자의 교실에 나누어져 있어서 고경력 선생님들과 이야기 나누기가 어렵더라고요. 저경력 교사와 고경력 교사가 서로 교류하고 소통할 수 있는 방안이 있을까요?

성기선 집단주의 성향에 숨이 턱턱 막힌다고 생각하는 분들도 있고, 좋게 생각하면 인간적인 문화라고 생각할 수도 있어요. 부산은 주로 같은 교육 대학교의 선후배 사이라 그런 경향이 강할 테고, 반면에 경기도는 전국의 교육 대학교 출신자들이 교사로 오니까 약간 수평적이고 개인화되어 있다고 생각할 수 있어요. 그런데 경기도에서 10여 년 동안 혁신학교를 통해 학교 문화를 바꾸기 위해 노력했는데, 아직도 파편화된 개인주의 성향이 강하다니 깜짝 놀랐습니다. 또 이 현상은 지역적 차이일 수도 있겠지만 학교마다의 차이일 수도 있겠다는 생각이 들어요. 학교의 구성원들이 어떤 문화를 만드느냐에 따라 미묘하게 차이가 나는 경우도 있더라고요. 학교에는 인플루언서 교사나 네트워크의 중심축이 되는 교사들이 있잖아요. 대인 관계도 좋고 일도 잘 처리하고 협업도 잘하는, 이른바 '중간 리더'들이 어느 정도 있어야 하는데, 그런 분들이 부족하다 보니 개인화 현상이 발생하는 게 아닐까 생각해요. 선생님처럼 부장 선생님들이 그런 역할을 해 주어야 하지 않을까 생각해요.

최영인 네, 제가 연구부장이다 보니 그런 노력을 해 보려고 했는데요. 선생님들이 변화를 싫어하는 경우도 있더라고요. 개인주의적 성향이라 진보적인 편이라고 생각했는데, 또 보수적 면모가 자리하고 있어서 새로운 걸 시도하는 것에 대해 생각보다 거부감이 많더라고요. 그래서 새로운 제안을 하면 "원래는 이렇게 안 했는데?", "다른 데는 이렇게 안 하는데?" 같은 반문이 먼저 돌아와 일을 진행하기가 쉽지 않았던 경험이 있어요.

성기선 부장 선생님의 역량과도 관련되어 있는 문제 같아요. 제안을 할 때는 그것이 갖고 있는 강점을 설명하는 것도 중요하지만 그 전에 인간적인 교류가 쌓여 있어야 돼요. 사실 쉬운 이야기는 아닌데 문화를 바꿔 나가기 위해서는 촉매자의 역할이 무척 중요해요. 사는 것도 똑같잖아요. 10가구가 사는 아파트가 있다고 생각해 봅시다. 서로 누가 어떻게 사는지 모르고 있다가 어느 날 이사 온 사람이 떡을 가지고 와서 인사를 해요. 그러면서 한번 모이자고 이야기를 해요. '옛날에는 안 그랬는데 왜 그렇게 해요? 부르면 우리가 가야 돼요?' 그렇게 생각하다가 어쩌다가 한 번은 모이겠죠. 그렇게 한 번 두 번 얼굴을 트면 점차 생산적인 의견을 나누게 되는 거죠. 학교도 이런 일이 계속 쌓이면 나중에는 전문적인 의견을 주고받게 될 겁니다. 제가 보고 있는 『Professional Learning Networks』라는 책이 있어요. 이 책에서는 네트워크가 얼마나 중요한가를 스위스나 독일 등 유럽 교사들의 사례를 통해 이야기합니다. 책에서는 지역 사회 교류 공간인 '아틀리에'를 학교 안에도 만들자는 이야기를 합니다. 차를 마시고 담소 나누는 물리적 공간을 의미하는 것이 아니라, 학생 문화나 제도 변화 등의 이슈를 함께 이야기하는 모임을 말해요. 예를 들어 초등학교 교사들의 경우 주로 교실에 머무는 터라 다른 반 선생님과 교류가 적다면, 함께 논의할 수 있는 온라인 방을 만들어 고민을 말하고 해법을 찾고 또 새로운 아이디어도 창출할 수 있는 관계를 지속적으로 유지해야 한다는 이야기인데요. 사실 우리는 일상적으로 하고 있는 일인데, 유럽에서는 그런 사례들에 굉장히 큰 의미를 부여하더라고요. 그렇게 학교 안에서 교사들을 연결해 주는 게 부장 교사 또는 중견 교사의 역할이라는 생각이 들어요. 그렇다고 누가 지시할 문제는 아닌 것 같고요. 그렇지만 학교 문화를 바꾸기 위해서는 촉매 역할을 해 주는 사람은 반드시 필요하다고 생각합니다. 사적인 모임에서도 어떤 사람이 빠지면 서먹하지만, 그 사람이 들어오는 순간 활기차게 바뀌는 일이 있잖아요. 제가 예전에 그런 분위기 메이커 역할을 했어요. 사람들이 모이면 재미있게 분위기를 살리기 위해서 노력했는데, 사실 좋아해서 그렇게 한 게 아니에요. 의도적으로 한 거예요. 원래 저는 내성적이고 쑥스럽고 나서기 싫어하는 사람이었는데, 나서지 않으면 안 될 것 같아서 의도적으로 성격을 개조했어요. 지금도 나서야 되는 자리에 가면 약간 가슴이 뛰고 얼굴에 열이 올라오고 긴장이 돼요. 그렇지만 누군가는 해야 하고, 그 자리가 요구하는 역할이 그렇다면, 자기 성격과 관계없이 의도적으로 노력해야 해요.

혁신학교와 혁신 의지

김태호 교수님 말씀에 공감합니다. 요즘 장학사나 연구사들을 보면 '혁신 교육'에 대해 정말 열심히 공부하시더라고요. 그걸 보고 '이제는 제도화 단계로 들어섰나 보다.' 하고 생각을 했어요. 또 최근에 제가 아는 연구사나 장학사가 혁신 교육 정책 관련 세미나와 포럼을 준비하시는 걸 봤어요. 혁신 교육을 반대했던 분이고, 그분이 쉽게 변하지 않을 사람이라는 긴 경험상 알고 있었거든요. 그래도 자리가 요구하는 역할이 있으니 '겉으로는' 바뀌시는 것 같더라고요. 교수님이 이야기하시는 게 아마 그런 것 같아요.

그런데 이게 '제도화'되면 문제가 생기더라고요. 예를 들어 혁신 교육 초창기에 자발적으로 운영되던 전학공 활동이 지금은 거의 의무적인 연수 시간으로 배정되어 있어요. 대부분 학교의 교원 성과급 지급 기준에 연수 시간이 포함되어 있고, 보통 60시간을 넘겨야 가장 높은 점수를 받아요. 학교에서 15~30시간을 전학공 연수로 해결하고 나머지는 다른 연수로 시간을 채우는 게 보편화되어 있어요. 이렇다 보니 자율에 맡긴 전학공 연수 운영이 부실하거나 시간만 보내는 비도덕적인 일도 발생해요. 지금의 전학공은 예전의 전학공이 아니게 되었어요. 초창기 혁신 그룹들의 전학공은 자발적으로 저녁 시간을 반납하면서 공부하며 만들어 왔거든요. 전학공 활동이 학점화되면 비윤리적인 현상이 발생할 거라는 문제점은 분명히 예견된 사태였어요.

성기선 혁신과 변화의 동력이 되었던 초기의 그 순수한 마음과 열정이 제도화되는 순간 오히려 왜곡되기도 하죠. 지금 경기도의 혁신 교육이 사무화되었다고 비판을 받고 있는 건 사실이에요. 경기도의 전체 학교 중 절반이 넘는 학교가 혁신학교로 지정되거나 혁신 교육을 하고 있으니 한편 이해가 되기도 합니다. 그런데 혁신학교와 별로 관계없는 사람들이 혁신을 주장하고, 지금까지 그렇게 살지 않던 사람들이 혁신학교 프로그램을 설명하는 걸 보면 '뭔가 변화가 필요한 시점이 왔구나.' 하고 생각해요. 스스로 공부하고 함께 문제를 해결하기 위해 자발적으로 협의체를 구성하고 민주적으로 학교를 운영하는 이런 정신들이 내면에서 자연스럽게 나와야 하는데, 현실은 그렇지 못한 것 같아요. 혁신 교육 10년간 양적 성장에 초점을 맞춰 역량을 쏟다 보니까 그에 걸맞은 내실을 구축하지 못한 게 사실이지요. 학부모나 현장에서도 혁신 교육을 시니컬하게 바라보는 풍조가 퍼지기도 했고요. 혁신학교 정책을 어떤 식으로 개선하고 발전시켜야 될지 선생님들 의견이 있으신가요? 저도 그 지점에 대해서는 상당히 혼란스럽습니다.

김진영   저는 혁신 교육의 성공은 교사들의 자발적 공부 모임에서 나온다고 생각해요. 선생님들 중 자기 성장에 도움이 되는 활동을 찾고 싶어 하는 분들이 많은데 그 기회가 많지 않거든요. 얼마 전 전국국어교사모임에서 '2022 개정 교육과정'에 대해 공부해 보자고 스터디 모임을 열었는데 굉장히 많은 분들이 참여를 희망하셔서 놀랐던 기억이 있어요. 2주에 한 번씩 논문을 읽고 일요일 아침에 발제하는 세미나 모임인데요. 선생님들의 만족도가 꽤 높아요. 다른 주제의 스터디 모임들도 여는 즉시 마감되는데, 그 모습을 보며 '선생님들이 공부 모임에 목말라 있었구나.' 하는 생각을 하게 됐어요. 시간과 공간의 물리적 거리를 없애 준 '줌(Zoom)' 화상 회의가 보편화된 것도 스터디 모임의 촉매제 역할을 한 것 같아요. 일요일 아침 7시에 강원도에서 충청도에서 경상도에서 접속하는 선생님들을 보는 일은 묘한 감동을 주기도 합니다.

학교 안에서 같은 욕구를 지닌 선생님들을 모으면 더할 나위 없이 좋겠지만, 직장이라는 곳이 본래 빨리 퇴근하고 싶은 곳이기도 하잖아요. 안에서든 밖에서든 교사들이 자발적으로 모여 연구하고 싶은 주제에 대해 깊이 있게 토론할 수 있는 공부 모임들이 더 많이 생겼으면 좋겠어요. 그리고 손쉽게 접근할 수 있는 방법들도 마련되면 좋겠어요. 의지와 열정을 지니고도 공부 모임을 찾지 못해 방황하고 계시는 분들이 생각보다 많거든요. 그분들이 하나 둘 연대할 수 있게 자리를 마련해 주면, 학교 현장에서도 분명히 가시적인 변화가 생길 거라고 믿습니다.

성기선 학교 안에서도 그렇게 열심히 활동할 수 있게 해 줄 그런 동력은 없을까요?

최영인 저도 비슷하게 전학공 연수를 운영해 본 적이 있는데요. 전국의 선생님들과 함께 고민을 나누는 토의·토론 공동체였어요. 30명 정도 되는 선생님들이 들어오셨고, 여러 가지 교육 주제를 취합해서 희망하는 주제에 대해 토의하고 토론했는데, 그런 과정에서 운영의 편의를 위해 교육지원청에 등록하고 지원금을 받고 싶었어요. 그런데 지원금을 받으려다 보니 너무 많은 것이 제한되더라고요. 저희는 자유롭게 이야기를 나누고 의견을 펼치고 서로 다른 내용들을 수용하는 것이 모임의 주목적이었는데, 제재가 많아지면서 해야 할 일이 많아지더라고요. 지원금도 사실 아주 소액이었거든요. 그런데 그 소액의 지원금을 받는 순간, 보고서를 작성해야 하고 출석부도 만들어야 하고 실적도 보고해야 하고 지출 내역도 제출해야 하다 보니, 국한되는 부분들이 많아졌어요. 이런 걸 보면 학교 안에서 전학공을 운영하는 것도 실적을 보고하고 보고서를 작성해야 하니 위축되는 게 아닐까 하는 생각이 들었어요. 그리고 전학공 활동을 제도적으로 정착한다는 게 과연 좋은가에 대한 고민도 하게 되었습니다.

성기선 제가 연수원장을 할 때 내세웠던 철학 중 첫 번째가 교사들이 원하는 연수 과정만 오픈한다는 거였어요. 원하지 않는 타율적인 연수는 안 하겠다고 했어요. 그래서 교사들이 연수원에 쉽게 접근할 수 있게 폐교가 된 안양서여자중학교를 인수해서 '혁신 교육 연수원'을 만들었어요. '연수원이 6개나 있는데 무슨 연수원을 또 만드느냐?'는 비판이 있었지만 '교사들이 자율적으로 오갈 수 있게 도심 속에 있어야 한다.'고 주장해서 '약간 강압적'으로 학교를 점령했죠.

두 번째 철학은 연수 과정을 교사들이 자율적으로 기획하게 한다는 거였어요. 대학에서 수강 신청하는 방식으로 어떤 교사가 방을 열어 놓고 연수받을 교사를 모집하는 거죠. 물론 교사들이 강의해도 되고, 전문 강사를 데리고 와서 강의해도 되게 했어요. 그렇게 프로그램을 받는다고 하니까 500개 정도의 과정이 들어왔어요. 강의 계획서나 취지를 담은 500개의 방을 그대로 오픈해 놨어요. 인기 있는 과목들은 오픈하자마자 인원이 다 차더라고요. 그걸 보면서 깜짝 놀란 것은 가장 인기 없는 과목이 혁신 정책이나 혁신 프로그램에 대한 것이었어요. 혁신학교 교사라도 혁신 교육에 대해서 관심 있는 게 아니라, 자신에게 재미있는 과목이나 당장 수업에 써먹을 수 있는 무언가를 주는 프로그램에 관심이 많더라고요. 어쨌든 자율 기획 연수는 반응이 좋아서 연수원 운동장에 300~400대의 차가 빼곡하게 주차되어 있는 걸 저녁마다 보면서 연수원장으로서 참 흐뭇했죠. 교사들은 자기에게 필요한, 자기가 듣고 싶은 연수를 자발적으로 듣는 것이지, 30시간 직무 연수 이수 시간에 포함해 줄 테니 전학공 활동을 의무적으로 하라는 것은 의도와 다른 결과를 낳을 수 있어요.

혁신학교의 공과

김진영 요즘 보면 비자발적으로 혁신학교가 된 경우도 상당히 많은 것 같아요. 지원금이나 다른 혜택을 받으려고 모양새만 혁신학교로 만들어 놓고 실상은 그렇지 못한 경우도 많아요. 그래서 어떤 학교들은 '무늬만 혁신학교'라는 비판을 받고 있고요.

성기선 이제는 '혁신학교냐 아니냐?' 이 경계에 대해 지나치게 고민할 필요가 없다고 생각해요. 일반 학교에서도 충분히 혁신학교 프로그램을 사용할 수도 있고, 혁신학교도 너무 한쪽으로 쏠렸던 문제점들을 보완해야 해요. 이름을 떠나서 학교가 해야 될 일이 뭔가에 대해, 학교 교육의 기본에 대해서 다시 생각해야 돼요. 입시 위주, 경쟁 위주, 시험 위주로 흘러간 학교 교육을 바로잡기 위해 혁신학교, 열린 학교와 같은 다양한 형태의 대안 학교가 대응책으로 나왔어요. 저

희는 혁신학교가 답인 줄 알고 지난 10여 년 동안 열심히 했어요. 그런데 이 안에서도 스펙트럼이 너무 많아서 "혁신학교라는 이름을 내세우면서 학교 교육이 저래서 되겠냐?"라는 비판도 생기기 시작했어요. 그래서 이쯤 되면 우리는 다시 한번 학교 교육의 기본에 대해 원론적으로 생각해 봐야 해요. 만약 그 방향에서 볼 때 혁신학교가 잘못 가고 있다면 보완해야 되고, 일반 학교가 잘못 가고 있으면 그것도 보완해야 되죠. '혁신학교는 학력이 떨어진다.'는 비판이 있잖아요. 그게 문제라면 혁신학교에서도 공부를 잘할 수 있게 보완하면 돼요. 간혹 기초 학력이나 독서 능력이 부족한데 그냥 놀이 중심으로 수업을 하거나 협력 수업을 하는 경우도 있어요. 취지는 좋지만 그렇게 해서 공허한 결과를 얻을 때가 많으니까 학부모 입장에서는 혁신학교를 반대하는 거예요. 혁신학교일수록 탄탄한 기초 교육 위에서 기존 학교가 하지 못한 새로운 걸 더해 나가야지, 새롭고 신선한 활동만 집어넣는다고 혁신 교육이 되는 건 아니지요. 10여 년간 펼쳐온 혁신학교 정책의 공과에 대해서는 이념을 떠나 다시 한번 점검하고 강점은 취하고 단점은 수정하거나 보완하는 냉철한 판단을 할 시점에 왔어요. 점검하지 않고 계속 양적 확대만 하면 좀 전에 이야기한 냉소적 분위기의 '무늬만 혁신학교'로 전락하게 될 겁니다.

김태호 저는 아까 말씀하신 학교 안 공동체를 활성화하기 위한 고민에 대해 말씀드리고 싶어요. 제가 혁신학교 초기부터 활동하며 상당히 찜찜했던 부분, 다시 말해 아직 준비가 안 되었다고 느꼈던 부분이 교수님이 말씀하신 학업 저성취자들, 느린 학습자들에 대한 대응이었어요. 지금의 고교학점제에서도 미이수자에 해당하는 성취도 40퍼센트 미만의 점수를 받는 아이들을 어떻게 지도할 것인가에 대해서는 아직도 제대로 준비가 안 됐다고 생각해요. 사실 혁신 교육의 큰 의제로 내세웠던 학교 민주화나 민주적 협의체 운영에 몰두하는 나머지, 계층 간의 격차에 대해서는 이해가 부족했다는 생각이 들어요. IMF를 겪으면서 교사도 우리 사회의 소득 분위로 따졌을 때 상당히 높은 분위에 속하게 되었고, 부부 교사 같은 경우는 상위 20퍼센트 안에 들어갈 정도로 높은 소득 분위에 들어갔어요. 상대적으로 학교 안에 낮은 소득 계층에 속해 있는 아이들에 대한 이해를 미처 하지 못하게 되었어요. 그래서 앞으로는 이 아이들을 올바로 이해하고 집중적으로 투자해서 교육 불평등을 해소하기 위해 노력해야 한다고 생각해요. 교사는 교수 학습 방법을 과감하게 개선해야 하고요. 그렇게 하는 것이 교내 문제도 줄어들고 교사 또한 스트레스를 줄이는 일이 될 거예요. 지금까지 이 아이들을 방치한 건 의도된 것이 아니라 아직 제대로 준비가 안 되어 있기 때문이라는 생각이 들어서, 지금이라도 교육의 방향을 변화해야 된다고 생각합니다.

혁신학교는 학력이 떨어진다?

성기선　사실 초기의 혁신학교는 열악한 지역에 있는 학생들을 우선적으로 지원했어요. 그래서 그 지역의 학력 격차, 기초 학력 부진, 학교 부적응 등 학생을 둘러싼 문제를 해결하기 위해 노력했죠. 그런데 어느 순간부터 학교 의사 결정의 민주화, 창의적인 교육 과정, 윤리적 생활 공동체, 이런 화제에 집중하게 되었어요. 그러니 외부에서는 혁신학교 하면 학력이 떨어진다고 비판을 해요. 그런데 면밀히 검토해 보면 학력이 떨어지지는 않아요. 물론 학력 격차가 좁혀지지도 않더라고요.

김태호　그렇지요. 그게 중요한 문제 같아요.

성기선　학교 효과 연구에서 좋은 학교가 가지는 2가지 조건이 있어요. 하나는 모든 학생들의 평균 점수가 올라가야 된다는 것이고요. 두 번째는 출발점에서 보였던 상하의 교육 격차가 갈수록 줄어들어야 된다는 것이에요. 한마디로 '성적의 격차가 줄어들면서 평균 점수가 같이 올라가는 것'이 좋은 학교라는 거죠. 그런데 우리나라의 학교는 점점 격차가 벌어졌어요. 초등학교 4학년부터 격차가 더 벌어지면서 점차 고착화되었죠. 대안으로 나선 혁신학교에서 이 문제를 해결하기 위해 가능한 노력을 다하겠다고 선언을 해 주었어야 했는데 그런 게 부족했어요. 그러다 보니 혁신학교는 학생들의 학력에 관심이 없다는 비판을 받는 거죠. 앞서 공부 잘하는 혁신학교를 만들자고 이야기했던 것은 혁신학교가 해야 할 여러 가지 과제 중에서 조금 더 학생의 성장에 집중하자는 뜻이었어요. 학생들의 성장을 돕고 학력 격차를 좁히는 데 지금보다 더 집중해 나가면 질적으로 더 발전된 혁신학교를 만들 수 있을 거라고 생각해요. 윤리적 생활 공동체나 민주적인 의사 결정은 학교 관리와 연관된 의제고요. 학부모의 초점은 학생에게 있거든요. 학생에 대해서 조금 더 관심을 가질 수 있게 교장이나 교육청도 지원을 해 주었어야 한다는 반성적인 생각을 하게 됩니다.

수준별 수업, 맞춤형 교육

최영인 학습 격차를 줄이는 방안에 대해 이야기하시니 궁금한 점이 있어 말씀드리는데요. 제가 교생 실습을 할 때에는 꼭 수업 지도안 마지막에 수준별 평가라든지 수준별 피드백을 넣으라고 했어요. 그래서 형성 평가를 하고 몇 개를 맞힌 친구는 초록색 학습지를, 많이 못 맞힌 친구는 노란색 학습지를 수준별로 나누어 준 기억이 있어요. 그런데 막상 학교 현장에 나와서 담임으로서 아이들을 지도하다 보니까, 수준별 수업이라는 게 거의 불가능하더라고요. 특히나 초등학생의 경우는 담임이 한 학급의 모든 교과를 가르치다 보니 각 과목을 개인 수준별로 수업하기가 어려웠어요. 제가 중학교를 다닐 때는 수학, 영어 교과를 수준별 이동 수업으로 했어요. 그런데 사실 그 수업에 대한 효과를 저는 못 느꼈거든요. 단지 제가 우월반에 갔기 때문에 기분이 좋았을 뿐이지, 특별히 그 수업에서 더 많은 것을 심화 학습했다는 생각은 들지 않았어요. 아마 보충반에 간 친구들도 특별히 더 많은 것을 보충받았다는 생각은 못 했을 것 같아요. 이런 수준별 수업이 어떤 효과가 있을지, 과연 긍정적인 효과가 있는지 여전히 궁금합니다.

성기선 수준별 이동 수업은 실패를 하고 접었죠. 가장 큰 이유는 수준은 다르게 가르치고 평가는 동일하게 한 데서 온 행정적인 문제 때문이었어요. 그리고 상중하나 우열을 나누어 수업하는 방식이, 결국 심리적·사회적·정서적인 격차를 유발해 못하는 애들은 더 못하게 되고 잘하는 애들은 그냥 자기 수준만 유지해서, 오히려 혼합해서 가르칠 때보다 학습 효과가 더 떨어진다는 연구 결과도 나왔어요.

그래서 이제는 우열반을 가릴 게 아니라 개인 맞춤형 교육을 해야 해요. 교원 단체에서는 맞춤형 교육을 위해 학급당 학생 수를 20명으로 제한하자고 이야기하고 있죠. 실현 가능한지에 대해 의문이기는 하지만, 현재 시스템 안에서 할 수 있는 최선의 방법은 있어요. 그중 하나는 초등학교 1~2학년의 학급당 학생 수를 15명으로 제한하면 어떨까 하는 겁니다. 지금 시골에는 15명도 안 되는 학급이 전체의 40퍼센트나 되니 이슈도 되지 않을 테고요. 문제는 도시의 학생 수가 개인 맞춤형 교육이 불가능할 정도로 와글와글하다는 거예요. 그래서 한때는 한 교실에 두 교사가 수업하게 하자는 이야기도 있었는데 지금은 사그라들었죠. 어쨌든 4~6학년은 학생 수가 조금 많아도 되지만, 1~2학년은 학생 수를 줄이는 것이 매우 중요해요. 왜냐하면 1~2학년 때 나타나는 격차가 오래가기 때문이에요. 식물로 치면 그때가 씨앗을 발아해서 싹을 틔우는 시기예요. 그때 약간 삐뚤어지면 나중에 교정하기 어려워요. 조기에 교정해 주면 곧은 나무로 크고, 좌우로 뻗어 나갈 유연성을 확보할 수 있어요. 그 시점이 저는 1~2학년이라고 생각해요. 물론 고학년에서도 학급당 학생 수를 줄이는 게 좋겠지만, 현실적인 문제도 있고 마냥 학급당 학생 수를 줄

인다고 해서 교육 효과가 올라가지도 않아요. 그랬다면 2~3명 있는 시골 초등학교 학생들의 성적이 월등했겠죠. 적절한 경쟁이나 심리적 분위기, 교사의 수업에 대한 열의 등을 종합적으로 고려했을 때 OECD에서 이야기하는 15~20명 사이가 적정 학급 인원이라고 생각해요.

최영인 1학년 담임을 두 번째 맡으면서 깨달은 건데, 교수님 말씀에 상당 부분 동의해요. 제가 처음에 1학년 담임을 맡을 때 저 빼고 나머지 선생님들이 모두 50대 후반이셨어요. 저만 20대 초반이었는데 그때 아이들을 가르칠 때 다른 선생님들이 많이 놀라셨어요. 저는 처음이라 뭘 모르니까 1학년 아이들에 대한 행동의 허용 범위를 좀 정해 줬어요. 수업 중에는 반듯하게 앉아 있어야 하고, 발표를 할 때는 의자를 빼고 서서 친구들을 바라보게 하고, 발표가 끝나면 다시 의자를 빼서 앉아야 된다고 가르쳤거든요. 그런데 이렇게 빡빡하게 가르쳤는데 아이들이 잘 따라오더라고요. 1학년 공개 수업은 아이들이 잘 앉아만 있어도 성공이라고 들었는데, 그때도 저희 아이들이 너무 잘해서 이런 생각이 들었어요. 이게 저의 역량이라기보다는 교수님 말씀처럼 첫걸음이기 때문에 바르게 지도하는 것이 굉장히 중요하다는 것을요.

통합이냐, 분리냐

김태호 개인 맞춤형 교육의 중요성이 높아지면서 학교를 다양화하려는 노력들도 많아지고 있어요. 제가 근무하는 경기도만 해도 '신나는 학교'나 '군서미래국제학교' 등 다양한 학교들이 있는데요. 혁신교육이 초등이나 중등에서는 힘을 좀 받는 것 같은데, 고등학교에서는 입시라는 장벽 때문에 힘을 못 받고 있어요. 이제는 고등학교에서도 다양화하려는 노력들이 있어야 할 것 같은데 교수님은 어떻게 생각하시는지요?

성기선 제가 교육 정책을 다룰 때 고민하는 시점(視點)이나 기준점 중에 하나가 '통합을 할 것이냐, 분리를 할 것이냐?' 하는 개념이에요. 통합은 영어로 하면 'aggregation', 즉 같이한다는 개념이고, 분리는 'segregation', 즉 서로 나눈다는 뜻이지요. 교육에 대해서 생각할 때 이 기준을 가지고 보면 많은 게 보입니다. 예를 들어 학생들을 능력에 따라서 통합하여 교육할 것인지 분리하여 교육할 것인지를 생각해 봅시다. 그러면 교내에서 우열반을 편성할 것인지, 아니면 능력이 우수한 학생들만 선발하는 고등학교를 따로 만들 것인지, 그것도 아니면 평준화해 동일하게 교육을 받게 할 것인지를 분리와 통합의 관점으로 살펴볼 수 있어요. 진로를 기준으로 생각할 때도 대학 진학 위주냐 취업 위주냐로 학교를 분리하고 통합할 수 있어요. 우리나라에서는 일반계 고등학교는 대학 진학 위주로, 특성화 고등학교는 취업 위주로 분리되어 있죠. 반면에 서구 사회에서는 '종합 중등학교(comprehensive school)'라고 해서 같은 학교 안에서 각자가 대학 진학과 취업을 선택하도록 하는 통합형 학교로 되어 있습니다.

미국의 경우에는 인종 간의 분리와 통합이 이슈가 됐었지요. 1930년대부터 1960년대 초반까지 미국 법률에서는 '분리하지만 평등하게(separate but equal)'라는 개념이 대부분의 판례였어요. 한마디로 인종 간에 분리를 하지만 교육 기회는 형평성에 위배되지 않게 준다는 것이죠. 그러다가 1950년대에 브라운이라는 집안의 흑인 아이가 동네 옆에 있는 학교에 못 가고 멀고 열악한 지역의 흑인들만 다니는 학교에 가라고 하니까 교육위원회를 대상으로 소송을 제기했어요. 결국 '분리하지만 평등하다는 것은 위헌'이라는 대법원 결정이 납니다. 미국 사회에서 '브라운 대 교육위원회 소송'은 굉장히 중요한 사건이었어요. 그래도 잘되지는 않았죠. 백인 우월주의자 단체인 KKK단이 폭동을 일으켜 사회적 갈등을 야기했으며 흑인들의 투쟁도 이어졌어요. 그러다 1964년에 '시민 권리 법안(Civil Rights Act)'이라는 게 만들어집니다. 그것을 통해 교육 기회의 제공에는 인종, 계층, 종교, 성별 등 어떤 차별도 있어서는 안 된다고 선언했지요. 그리고 나서도 10여 년 뒤에나 흑인과 백인이 함께 다니는 통합 학교가 생겼습니다. 투쟁의 역사이고 운동의 산물이죠.

우리에게도 투쟁의 역사가 하나 있습니다. 평준화를 둘러싼 투쟁인데요. 1974년에 서울과 부산부터 평준화가 실시됐어요. 인구는 급증하는데 초등학교에서 중학교 갈 때 치던 시험이 1969년도부터 없어지기 시작했거든요. 그런데 중학교에서 고등학교 올라갈 때는 시험을 쳤어요. 그러다 보니 명문 고등학교, 일반 고등학교, 비선호 고등학교 순서로 구분이 되어서 학교의 서열화가 공고화됐지요. 경기고, 경남고, 경북고, 광주일고처럼 그 지역의 명문 고등학교가 자리 잡고 있었는데, 1970년대 말에서 1980년대 초에 평준화가 확대되었어요. 그래서 큰 도시는 평준화가 되었죠. 그러다가 1990년대 말 경기도의 경우 제1기 신도시들이 들어서면서 또 평준화에 대한 요구가 생겼어요. 서울에서는 고등학교까지는 시험 부담 없이 원하는 학교에 진학했는데, 비평준화 지역인 신도시에서는 고등학교가 서열화되어 있었거든요. 대부분 서울에서 살다가 신도시로 이사를 갔기에 주민들이 들고일어난 거죠. 그런데 또 반론도 제기되었어요. 지역 명문 학교를 왜 없애려고 하느냐고요. 평준화와 비평준화의 논쟁은 학교 분리냐 통합이냐의 개념으로 해석됩니다. 그러다 평준화가 대세가 되었지만 1980년대부터 또 하나의 흐름이 생겨요. 특목고, 외고, 과고가 생깁니다. 그리고 1995년 5·31 교육 개혁안으로 신자유주의 교육 정책이 반영되면서 재정적인 여건이 안정적이고 학교 특성화가 되어 있는 학교에는 자율성을 주겠다고 했습니다. 그게 김대중 정부 때 만들어졌던 6개의 자립형 사립 고등학교죠. 민사고, 포항제철고, 광양제철고, 전주상산고, 부산해운대고, 현대청운고. 이 6개예요. 그리고 학교에는 등록금을 3배까지 올려 받을 수 있다는 권한, 교육 과정 편성을 50퍼센트까지 자율적으로 구성할 수 있다는 권한, 학생 선발권, 이 세 가지 권한을 줬어요. 학교에서 특성화 교육과 다양화 교육을 해야 한다는 전제 조건으로 시범 실시를 했는데, 특성화, 다양화는커녕 입시 대비만 몰두하게 됐죠. 등록금을 3배까지 올리니 상위 계층만 갈 수 있게 되어 귀족화됐다는 비판을 받았죠. 그러면서 다시 평준화 요구와 충돌을 일으켰어요. 그러다가 이명박 정부가 들어서면서 '고교 다양화 300 프로젝트'라는 걸 시행해요. 특목고와 자사고에 더해서 자공고, 마이스터고 등 특수 유형의 고등학교를 300개까지 만들겠다고 했죠. 깜짝 놀랄 만한 정책이었고, 그것이 평준화의 기반을 완전히 무너뜨렸죠. 특히 서울의 경우 25개 정도의 자사고가 들어섰기 때문에 일반고 슬럼화 현상이 심각해졌고, 학교 유형 간 차별화가 심각해졌죠. 고등학교가 서열화되고 대학 진학률이 그에 비례하다 보니 사회 계층 고착화를 부추겼죠. 소위 밀해서 능력과 노력에 의해서 계층을 이동할 수 있다는 '희망의 사다리'를 과감하게 잘라 버린 거죠. 그러고 나니까 젊은 세대들이 공정성에 대한 요구를 하며, 수시 전형의 변화에 영향을 주었지요. 어쨌든 저는 지난 한 20년 동안 고등학교 평준화 정책을 추진하기 위해서 노력해 왔어요. 지금 세어 보면 14개 정도가 제가 평준화를 도입한 시(市)예요.

김태호　제가 그때 의정부에서 근무했는데, 상위권 고등학교와 동창회의 반발이 굉장히 심했어요. 그런데 지금은 다 안정화되어 있습니다.

성기선　그때가 지역의 파벌이나 학연을 깨어 나가는 시기였는데, 차별 의식으로 혜택을 받는 사람들이 기득권에 대한 침해로 생각하고 엄청난 저항을 했죠. 그런데 2021년에 고등학교까지 12년 무상 교육이 완성됐잖아요. 그러니까 고등학교는 의무 교육은 아니지만, 경제적 여건과 관계없이 국가가 책임지고 교육을 시키겠다고 선언한 것이죠. 또 2025년도부터 공립 학교인 과학고는 유지하되, 사립 학교인 외고를 일반고로 전환하겠다고 했죠. 그리고 전국의 약 50개도 안 되는 자사고도 일반고로 전환하기로 선언한 상태입니다. 고등학교를 다양화한다는 것이 마치 학생·학부모들에게 선택권을 제공하고 교육의 질을 높여 준다는 환상이 있었는데, 실상에 대해서는 철저한 반성과 성찰을 해야 되죠. 그렇다고 고등학교 교육이 하향 평준화되어서는 안 되겠죠. 오히려 상향 평준화해야 되고 교육의 기회를 누구에게나 보편적으로 부여해야 해요. 그게 공교육의 이념과 부합하는 방식입니다.

공교육 상향 평준화와 고교학점제

김진영　상향 평준화된 교육을 보편적으로 제공해야 한다는 교수님 말씀이 마음에 와닿습니다. 그것이 우리가 추구하는 교육 체제 개편의 완성이자 종착점인 것 같아요. 지금은 그런 맥락에서 고교학점제에 관한 이야기도 나오고 있는 것 같고요.

성기선 고교학점제 이야기가 왜 나왔을까요? 교육 과정 다양화에 대한 요구를 학교 다양화 방식으로 해결하려다 보니, 계층에 따라 진학하는 학교가 달라져 서열화가 생기는 부작용이 나타났죠. 그렇지만 '왜 모든 학생들이 동일한 내용을 동일한 방식으로 배워야 하느냐?' 하는 문제 제기 등 다양화에 대한 요구는 여전히 존재하고 있어요. 개인 맞춤형 교육, 진로 적성을 고려한 교육이 여전히 필요하거든요. 그래서 학교를 다양화하는 것에는 여러 문제가 있으니, '다양화'를 학교 안으로 끌고 들어와야 했어요. 결국 앞서 이야기한 미국이나 서구의 방식대로 고등학교에서 자기 진로 적성에 맞게 학점을 따고 일정 학점이 되면 졸업하도록 하는 이른바 고교학점제를 도입해야 한다는 결론에 다다르게 된 거죠.

최영인 고교학점제 도입 초기에 반발이 많았다고 들었어요. 초등학교는 혁신학교 경험으로 열린 마음이 있었다면, 고등학교에서는 생소하다 보니 두렵기도 했을 것 같고요.

성기선 초등학교의 경우 혁신학교, 중학교의 경우 자유 학기제와 같은 걸 통해서 교육 과정 운영이 상당히 유연해졌어요. 그에 비해 다양한 교육이 안 되는 곳이 고등학교예요. 수능과 입시라는 벽이 있기 때문이죠. 고등학교에서도 개인 맞춤형 교육, 진로 적성을 고려한 교육이 가능하게 하려면 어떻게 해야 할까 많은 고민을 했어요. 그래서 얻은 결론이 고교학점제이고, 저는 이것을 고등학교 교육을 바꾸기 위한 '트로이 목마'라고 표현해요. 그 강고한 벽을 한 방에 무너뜨릴 수 있는 방법은 없거든요. 설령 방법이 있어 바꾸려 해도 엄청난 저항과 반발에 부딪히고 부작용이 잇따를 거예요. 그런데 고교학점제를 도입해서 학생들이 과목을 선택할 수 있게 해 주자는 것 정도는 큰 반대 없이 허용할 수 있는 수준이라고 생각하거든요. 고등학교에서 교육 과정만 조금 바꾸면 되는 문제라고 생각할 텐데, 가만히 보면 고교학점제는 교육 과정 하나 바꾸는 정도가 아니에요. 교사 자격에서부터 교실의 공간까지 전면적으로 개편하지 않으면 안 되는 실상은 어마어마한 프로젝트란 말이에요. 따라서 초등·중학교가 변화하는 그 기세를 몰아서 고교학점제를 완성해 나간다면 고등학교 교육도 다양화되고 시대 변화에 맞는 탄력성을 갖게 될 거라고 생각합니다. 바로 그것이 고교학점제의 기본적인 취지고 위상입니다.

　MB 정부의 고교 다양화 300 프로젝트를 비판하고 야단쳤던 일부 교원 단체들이 최근에 동일한 시각으로 고교학점제에도 문제가 있다고 비판해요. 이것도 안 하고 저것도 안 한다면 아무것도 안 한다는 거잖아요. 고교학점제로부터 오는 두려움이나 어려움이 있겠죠.

2025년도에 전면 실시되는데 완벽하게 제도가 안착한다고는 보장하지 못합니다. 첫술에 배부를 리 없죠. 그럼에도 불구하고 도입하고 확대해 나간다면 교육의 다양성을 학교 수업 시간 안에서, 교육 과정을 통해서 확보할 수 있다고 생각합니다.

김태호 현재의 입시 제도 때문에 고교학점제 도입이 힘들다는 비판도 많아요. 내신과 수능 때문에 결국은 점수 따기 유리한 과목으로 아이들이 쏠릴 것이라는 회의적인 시각도 있고요.

성기선 평가는 꼬리일 뿐 교육의 몸통은 교육 과정이고 수업이에요. 꼬리가 몸통을 흔들지는 못합니다. 교육 과정이 바뀌면 평가는 따라오게 되어 있습니다. 고교학점제가 정착되면 지금의 수능은 유지될 수 없어요. 논리상 불가능합니다. 결국 입시 제도를 바꿀 수밖에 없고, 2028학년도 대입 전형은 지금과는 질적으로 다를 수밖에 없습니다. 여하튼 고교 체제 개편이라는 20여 년간의 논쟁이 어느 정도 마무리되어 가고 있는 시점이고, 그에 따른 향후 핵심 과제가 고교학점제 안착이라고 저는 생각하고 있습니다.

수능과 내신의 공정성

최영인 저는 초등학교 교사이다 보니, 입시와는 좀 멀리 떨어져 있다고 생각하고 있었어요. 그런데 제 제자들이 수능을 보고, 또 고교학점제가 뜨거운 감자다 보니 관심을 갖고 주변 이야기를 들어 봤어요. 저 또한 수능이 개편되어야 하고 입시 제도가 바뀌어야 한다고 생각하지만, 여론이나 주변 이야기를 들어 보면 수능이 가장 공정하다는 의견도 많더라고요.

성기선　우리가 경제학을 나눌 때 미시 경제학과 거시 경제학으로 나누잖아요. 미시적인 시각에서 보면 수능이 공정하다는 말은 그럴싸해요. 왜냐하면 시험의 절차와 규칙이 누구에게나 동등하니까요. 45만 명의 수험생이 동일한 조건에서 오지선다형의 객관식 문항으로 시험을 치고, 채점도 초고속 스캐너로 진행되기 때문에 공정하다고 할 만하지요. 그런데 길게 보면 초등학교부터 고등학교까지 학교 교육을 받는 기간 12년과 그 외에 학령 전 교육 기간이나 재수, 삼수 기간 동안에 정말 공정하게 게임을 했느냐고 따진다면 수능은 매우 불공정해요. 계층에 의한 편차가 훨씬 심하기 때문이지요. 아까 말한 특목고와 자사고 약 100개의 학교에서 한 해에 졸업생이 얼마나 나올까요? 한 학교에 300명씩만 잡아도 30,000명의 수험생이 나와요. 이른바 상위권 10개 대학에서 뽑는 인원이 약 30,000명인데, 이 대학들이 모두 수능으로만 학생을 선발한다면 특목고, 자사고, 조금 더 보태면 강남 8학군 학생으로 정원이 다 차요. 지방 학생이 서울로 올라올 수 있는 가능성이 부척 낮아지죠. 그리고 상위권 대학은 재수생

입학 비율도 높아요. 서울대 정시 입학생 중 재수생의 비율이 한 60 퍼센트 돼요. 연·고대도 마찬가지고요. 강남의 고등학교 교육 정보를 살펴보면 대학 진학률이 20~30퍼센트도 안 돼요. 다들 재수해서 상위권 대학에 진학하려고 해요. 그런데 지금도 가정 환경으로 인해 재수가 어려운 학생들이 많아요. 이렇게 가정 배경에 따라 학력 격차가 뚜렷한데 과연 수능이 공정하다고 말할 수 있을까요?

최영인 그러면 수시 제도가 정시보다 소득이 낮은 계층의 학생들 입장에서 볼 때 공정할까요?

성기선 아니오. 학생 선발에서 공정성이 우선이어야 한다면 시험을 칠 필요도 없어요. 100m 달리기를 해서 일찍 들어온 순서대로 뽑으면 가장 공정하죠. 공정하냐보다 타당하냐의 문제를 따져야 돼요. 대학 입시 제도로서 우리 사회에서 어느 방법이 가장 적합하냐의 문제를 생각해야 해요. 수능이 개인의 능력을 가장 공정하게 평가한다는 의견에 동조하는 순간, '내가 공부도 못하고 능력이 안 되어서 공정한 게임에서 졌으니 받아들일 수밖에 없다.'는 인식을 갖게 됩니다. 그런데 실제로 학생들을 가르쳐 봐서 아시겠지만 속도의 차이도 존재하거든요. 빨리 공부할 수 있는 속진(速進) 학습자가 있고, 굉장히 느리게 공부하는 슬로우 러너(slow runner)도 있어요. 학자들에 의하면 그 속도가 최대 5배까지 차이가 나지만, 속도만 다를 뿐 누구나 동일한 성취 결과에 도달할 수 있다고 해요. 그런데 우리나라 학교에서는 속도를 멈추지 않아요. 저는 KTX에 비유하는데요. 100명의 아이들을 태우고 서울에서 출발했는데, 막상 종착지인 부산에 도착해서 보면 한 10명밖에 남아 있지 않아요. 나머지 90명은 중간에 다 탈락한 거예요. 좀 느리게 학습하는 아이들, 환경이나 지원이 부족한 아이들에게 그게 과연 공정할까요? 오히려 그 아이들이 부산까지 갈 수 있는 기회를 다 박탈하는 비인간적이고 불공정한 일이라고 생각합니다.

김태호 제가 한 3년 전에 경기도교육연구원과 함께 혁신학교 졸업생들을 추적해서 인터뷰를 한 적이 있었어요. 그때 그 학생들을 3개 군으로 나누었는데 첫 번째는 서울 소재 대학에 진학한 학생들, 두 번째는 지방대에 진학한 학생들, 세 번째는 고등학교를 졸업하고 취업한 학생들로 나누었어요. 가장 인상 깊은 것이 고졸 취업자들 이야기였는데요. 여전히 고졸 취업자를 보는 시각이 불편하지만, 혁신학교의 문화, 즉 차별하지 않고 끝까지 믿어 주고 지원했던 문화가 고졸 노동자로서 살아가는 힘이 되었다고 말하더라고요. 나머지 그룹인 지방대 진학과 서울 소재 대학에 진학한 학생들의 이야기도 기억에 남는데, 본인들은 깜짝 놀랐다는 거예요. 함께 입학한 주변 친구들을 보니, '이 대학이 쟤네들처럼 큰 노력을 해야 올 수 있는 대학이 있구나.' 하고 놀랐다는 겁니다. 또 대학 수업 시간에 여러 활동을 할 때에도 그 친구들에 비해 전혀 뒤처지지 않았다는 데서도 놀랐다는 거예요. 혁신학교 수업 시간에 자주 수행 평가를 하고 친구들과 협력하여 PPT 자료를 만들어 발표하면서 키운 주도적인 학습 능력이 대학에서도 큰 도움이 됐다고 말하더라고요. 무작위로 뽑은 학생들 입에서 그런 이야기가 나오는 걸 보고, 현재의 수시 제도가 아이들에게 정말 큰 기회를 주었다고 생각했어요. 수시 제도가 없었다면 그 아이들은 그 대학에 진학할 수 없었을 테니까요.

성기선 대학 수업 시간에 보면 혁신학교 졸업생이 한 2~3명 있어요. 다른 아이들보다 발표를 훨씬 더 잘하고 글도 잘 써요. 그런데 아마 수능으로 뽑았다면 그 아이들은 입학하지 못했을 거예요. 대학에서 이런 아이들을 뽑는 것이 교육적으로 더 바르다는 생각이 들고, 고교 교육 정상화를 위해서도 수시 제도가 필요하다고 생각하는데요. 최근의 여론이 수능이 공정하다고 하니, 그 허구를 어떻게 깨야 할지 걱정입니다. 평가원장을 역임한 사람으로서 수능이 공정하지 않다는 이야기를 하는 것이 상당히 불편해요. 그런데 지금의 수능 성적은 어릴 때부터 체계적으로 관리하지 않으면 안 나오는 거예요. 정시의 경우 뒤늦게 깨우쳐서 성공하는 사례가 많지 않아요. 출제된 문제를 보니까 그럴 수밖에 없더라고요. 초고난도 문항, 킬러 문항은 보통 공부해서는 안 돼요. 보통 아이들은 그 문제에 손댔다가는 시간만 가니까 아예 포기하고 다른 문제를 풀어요. 그 문제를 푸는 것은 어릴 때부터 지원을 받지 않으면 불가능해요. 그럼 그 문제를 왜 내느냐? 상대 평가라서 등급과 비율을 맞춰야 하니까 그렇게 낼 수밖에 없는 구조예요. 그래서 수능 점수가 가정 배경과 상관관계가 높다고 말하는 겁니다. 물론 개인의 노력과 능력에 따라서 문은 열려 있지요. 그런데 그것이 수시보다 공정하다고 이야기할 정도는 아니에요. 지금은 수시도 외부 활동을 인정하지 않고 학교 안에서 이루어진 활동으로만 평가하기 때문에 예전보다 많이 공정해졌어요.

새로운 학력에 대한 정의

김태호 이런 논쟁을 보면서 이제는 새로운 학력에 대한 정의가 필요하다고 생각해요. 평가원의 교육 과정과 수능 문제를 비교하면 굉장히 모순적이에요. 교육 과정은 제가 읽어 보면 이거대로만 하면 정말 잘될 것 같아요. 그런데 수능 문제는 교육 과정대로 출제하지 않으니까 평가원 안에서도 자아 분열이 일어나는 것 같아요. 교육 과정을 만드는 그룹과 수능 문제를 출제하는 그룹이 상호 모순적인 셈이죠. 이런 문제를 해결하려고 새로운 평가 방식을 추구할 게 아니라, 이제는 새로운 학력에 대한 정의가 내려져야 한다고 생각해요. 제 생각에 새로운 학력을 정의하기 위한 단초들은 학생부 종합 전형에서 찾을 수 있을 것 같아요. 즉 '얼마나 주도적으로 학습할 수 있느냐?', '잠재적인 능력이 얼마나 되느냐?' 같은, 점수가 아닌 '새로운 학력'이 좋은 아이들이 결국은 대학에서도 잘 적응하거든요. 새로운 학력을 어떻게 정의해야 하는지, 또 어떻게 평가해야 하는지 교수님의 생각을 듣고 싶습니다.

성기선 2015 개정 교육 과정을 '역량 중심' 교육 과정이라고 내세웠는데, 평가가 다 망쳐 버렸어요. 2014년도부터 지속적으로 교육청에서는 평준화나 혁신학교가 학력을 떨어뜨린다고 주장하는데, 그 학력이라는 것은 국영수 시험 성적이에요. 교육 과정에서는 역량 중심으로 가르치라고 하면서 평가는 기존의 시험 성적으로 매기는 거죠. 이제는 구학력관을 신학력관으로 바꾸어야 해요. 지금 2022 개정 교육 과정도 '역량 중심 교육 과정으로 한 발 더 나아가겠다.'고 총론에서 선언했어요. 그런데 각론으로 들어가면 또 이야기가 달라져요. 총론에서 미래 역량에 대비하기 위해 자기 주도성을 키워야 한다는 등 이야기해 봤자, 각론은 교과 중심으로 되어 있어서 그걸 반영하기가 쉽지 않아요. 교사가 교과서의 틀을 벗어나서 수업을 구성하고, 프로그램을 짜야 역량 중심 교육이 가능해요. 그런데 시험은 또 교과서에서 나오는데 어떻게 합니까? 매년 수능 출제위원장이 말하잖아요. "이번 수능은 교과서 중심으로 출제했고, 난도의 변동 없이 전년도 출제 기조를 유지하였습니다." 평가가 모든 걸 좌우해 버리니까, 역량 중심 교육이니 새로운 학력이니 하는 개념 자체가 구호에 불과하게 되었어요. 미래 핵심 역량을 가르친다면서 평가를 오지선다형으

로 한다는 게 말이 안 되죠. 평가 방식을 바꾸어야 하는데 앞서 이야
기한 고교학점제의 필요성이 여기에 있는 겁니다. 고교학점제를 시
행하면 수업도 바뀌고 교사도 바뀌고 공간도 바뀌는데 입시 제도가
안 바뀔 수 없어요. 그래서 고교학점제가 기존 제도를 변화시키는 동
인(動因)이자 종착점이라고 이야기하는 겁니다.

김태호 고교학점제가 트로이 목마라고 표현하신 것에 굉장히 공감하고요. 저희 학교는 고교학점제를 4년째 운영하고 있거든요. 그래서 종례가 없어요. 왜냐하면 아이들이 대학생처럼 계속 이동하기 때문에, 또 공강이 있거나 수업이 일찍 끝난 아이는 집에 가기 때문이에요. 그리고 2학년부터 선택 과목에 따라 매시간 수업 교실을 이동하는데, 2학년은 9반이지만 18명의 담임을 두어요. 왜냐하면 담임이 아이들을 잘 못 만나니까 자칫 생활 지도가 약해질까 봐 담임 수를 늘리고 역할도 멘토 교사처럼 변화시켰거든요. 그래서 2학년 1A반, 1B반과 같이 나누어 운영하는데, 교사에게는 담임 수당도 지급하고 경력도 인정합니다. 실제로 많은 과목을 운영하고 있지만 교사 평균 수업 시수가 16시간이 넘지 않아요. 많은 분들이 오해하시는데 교사 수급에서도 큰 문제가 없어요. 그런데 한 가지 운영하면서 보완했으면 좋겠다고 생각이 드는 것은 과목 개설과 선택에만 집중하지 않았으면 하는 겁니다. 운영을 해 보니 아이들은 그때그때마다 흥미와 관심이 달라져요. 예를 들어 코딩 과목을 1년 동안 배우고 싶은 게 아니라, 한 몇 달만 해 보고 싶은 거예요. 그래서 과목을 다양하게 개설해서 선택하게 하기보다 주제 단위로 선택하게 운영하는 게 훨씬 내실 있지 않을까 하고 생각했어요. 그것이 오히려 학생들이 미래 사회를 맞이하는 데 훨씬 도움이 될 것 같고요. 현장에서 이런 요구들을 하는데 교육부는 조금 경직되어 있는 것 같습니다.

성기선 2022 개정 교육 과정에서 발표하는 내용들을 보면 초등학교 6학년, 중학교 3학년, 고등학교 3학년에 진로 연계 학기를 두자는 이야기가 나와요. 고교학점제의 기준으로 보면 중학교 3학년 2학기, 고등학교 1학년 1학기가 굉장히 중요한 시점이에요. 이런 진로 연계 학기 없이 자신이 배울 과목을 선택하라고 하면 아이들은 내가 뭘 좋아하는지, 내가 뭘 듣고 싶은지 모를 수도 있어요. 물론 이번 학기는 이것 좋아하다가 다음 학기는 저것 좋아할 수도 있어요. 그렇게 바꾸는 건 충분히 열어 두는 구조가 되어야 해요. 진로에 대해 고민할 시간을 미리 주고, 고등학교 1학년 2학기부터는 과목을 선택해야겠죠. 나이 삼십이 넘어서도 진로를 고민하는 교사도 있는데 10대 후반에 평생을 책임질 진로를 결정하라는 게 말이 되겠어요? 당연히 바꿀 수 있는 기회를 줘야 해요.

김태호 지금은 과목을 선택하려면 6개월 전에 신청해야 해서 너무 경직되어 있거든요. 모듈형으로 한 1~2단위짜리는 학교장이나 학교 운영위원회가 자유롭게 개설하게 하면 훨씬 더 좋을 것 같아요.

고교학점제의 입시 제도 변화

성기선 고교학점제가 시행되면 그에 따라 입시 제도도 함께 바뀔 거예요. 저는 내신 성적은 그대로 가고 수능을 자격 고사화했으면 좋겠어요. 그리고 상위권 대학에서 학생을 신빌하기 위해 오지선다형이 아닌 서술식·논술식 시험인 '수능 Ⅱ'를 국가 고사화했으면 좋겠어요. 지금은 재수생을 포함해서 수능 신청 인원이 약 45만 명인데, 실제로 시험을 보는 인원은 그보다 훨씬 적죠. 현재 고교 졸업생은 한 해에 30만 명 정도 되고, 2028학년도쯤 되면 20만 명대로 떨어집니다. 많이 잡아서 30만 명으로 치고요, 우리나라 대학이 400개 정도 되거든요. 상위 3분의 1에 해당하는 대학에서는 여전히 자기 학교 기준으로 선발하려고 할 겁니다. 예를 들어 자연 과학 계열 학과에서 학생을 선발할 때, 자연 과학의 기초 과목을 이수하라고 요구하겠죠. 그러면 고교학점제 기준으로 과학, 물리 Ⅰ, 수학, 화학 Ⅰ, 지구 과학 Ⅰ 중에 2개는 선택해서 들으라고 요구할 수 있어요. 또는 인문 계열 학과에서는 국어 Ⅰ, Ⅱ 또는 철학 같은 인문학 기초 과목 중에서 몇 개를 선택하라고 요구할 수 있죠. 그럼 그걸 내신 성적으로 반영하겠죠. 거기다가 자격 고사인 '수능 Ⅰ'을 반영할 겁니다. 그래도 변별력이 생기지 않으니 '수능 Ⅱ'를 칠 거예요. '수능 Ⅱ'는 국가 고사 방식이기 때문에 대학별이 아닌 상위권 대학을 공통으로 아우를 수 있게 계열별로 시험을 보게 될 거예요. 30만 명 중에 3분의 1은 그렇게 해서 상위권 대학에 진학하겠죠. 나머지 중위권 대학들은 자격 고사인 '수능 Ⅰ'과 내신 성적만으로도 입학할 수 있을 겁니다. 그다음에 하위권에 있는 대학 30퍼센트는 사실 지원만 하면 다 받아 줄 것 같아요. 입학 자격을 엄격하게 하면 정원이 미달될 테니까요. 또는 '수능 Ⅰ'만 보고 내신에서 과목 몇 개만 지정해서 보자고 할 수도 있어요. 그렇게 입시 제도를 다양화하면 모든 학생이 '수능 Ⅱ'를 볼 필요가 없지요. 그러면 약 10만 명만 '수능 Ⅱ'를 치게 되는데, 출제는 공동으로 하되 채점은 각 대학에서 알아서 하도록 하면 공정성 문제도 사라질 거예요. 서술식·논술식 시험이니 각 대학의 준거 기준에 따라 평가하면 되니까요. 아직까지는 제 개인적인 의견이지만, 관련된 연구도 많이 해 보았습니다. 고교학점제가 안착되더라도 상위권 대학으로 가려는 경쟁은 여전히 남을 수밖에 없어요. 학벌 사회를 바꾸지 않는 한 경쟁은 사라지지 않아요. 상위권 경쟁은 그대로 인정해 주고 그 대학에 진학하려는 아이들을 위한 준비를 고등학교에서 해 주면 됩니다. 대학 입장에서도 자기 진로에 관한 역량을 고등학교에서 충분히 쌓고 오면 환영이지요. 그런 변화들을 생각해 보면 진로에 맞춘 입시 제도 정립은 결코 꿈같은 일이 아니라, 충분히 구현 가능한 일이라고 생각합니다.

김태호　미국의 대학 입학 자격시험인 SAT 정도를 빼고 나면 나머지 선진국들은 대부분 내신 절대 평가를 하고 있거든요. 그리고 대학 진학할 때도 내신 성적과 고교 졸업 시험 성적을 보더라고요. 물론 국가 수준의 졸업 시험입니다.

성기선　조금 전에 제가 말한 '수능 Ⅰ' 자격 고사가 그와 유사한 것입니다. 고교학점제 시행 시 내신 성적을 어떻게 평가할 것인지에 대해서도 교육부와 많은 논의가 있었어요. 절대 평가인 성취 평가제로 시행해야 한다고 하니, 교육부에서는 그렇게 하면 성적 부풀리기 현상 때문에 평가에 신뢰가 떨어진다고 말하더라고요. 그럼에도 불구하고 성취 평가제로 가야 한다고 말했어요. 그런 현상은 교사의 문제이고 학교의 문제라서 별도로 해결하면 되거든요. 성취 기준에 도달한 아이들은 A, 조금 모자라면 B, C, D, E, 5등급으로 나누어서 평가하자고 했어요. 물론 이수하지 못한 학생에게는 I(Incomplete)를 줘서 대체 교과목을 이수하게 하고요. 이런 시스템으로 가되 평가 결과에 대한 사회적 신뢰성을 확보해야 되잖아요. 내 학생들이 귀엽다고 전부 다 A를 주면 사회적 신뢰가 떨어질 수 있으니까, 성취 기준에 도달한 학생들의 비율이 얼마나 되고, 학생들의 원점수와 평균 점수를 공개하고 모니터링하도록 시스템을 구축할 거예요. 그렇게 되면 함부로 점수를 줄 수 없을 거예요. 개개인에게 이익이 되더라도 학교 전체에 불이익이 갈 수도 있어 내부 모니터링도 강화될 것이고요. 그렇게 되면 교사들의 평가권도 살아날 거라고 생각합니다. 지금 예정으로는 고등학교 1학년 2학기 때부터는 성취 기준 평가를 적용할 거예요. 1학년 1학기에는 공통 과목을 배우니 그건 상대 평가를 적용할 것 같고요. 실제 적용 시에 제도 변화가 있을지 모르겠지만 현재 예정은 그렇게 되어 있습니다.

김태호 그래서 고등학교 현장에서는 상대적으로 고 1에 지옥문이

열리고 있어요. 고 1 때 공통 과목에서 1~2등급 받는 게 굉장히 중요한 일이 되어 버렸거든요. 지금 말씀하신 대로 진로 선택 과목은 A, B, C로만 평가해요. 그런데 이걸 또 최상위권 대학에서는 점수로 환산해요. 예를 들어 100명 중에 A를 받은 학생이 20명이면 1.2등급을 부여하지만, A를 받은 학생이 50명이면 1.5등급을 부여하는 방식이죠. 그러니까 같은 A라도 점수가 달라지는 병폐가 조금씩 일어나고 있어요. 그러다 보니 고 1 때 공통 과목에서 1~2등급을 받는 게 대입에 굉장히 중요한 변수가 된 거죠.

성기선 대학은 굉장히 이기적이에요. 공교육 정상화니, 바람직한 교육이니 따위에 그다지 관심이 없어요. 공부 잘하는 애들 뽑는 게 상위권 대학의 핵심 목표예요. 공부 잘하는 애들 뽑아서 대학 명망을 유지해야 되거든요. 그래서 대입 공정성은 국가가 책임져야 해요. 대입공정성관리위원회 같은 기구를 만들어서 수시 전형이나 내신 평가에 대한 가이드라인을 제시해 주고, 모니터링하고, 약속대로 이행하지 않으면 제재를 해야 해요. 그렇게 되면 수시 전형이 불공정하다는 인식을 조금 낮출 수 있고, 교육 다양화에 맞는 평가 방식이 안착될 수 있을 거라고 생각해요. 모니터링은 경쟁이 치열한 상위권 대학들만 하고 나머지는 알아서 뽑도록 놔둬도 돼요.

학점 미이수자와 학교 밖 청소년

김태호　저희가 고교학점제를 시행하면서 겪는 가장 큰 어려움이 미이수하는 아이들을 어떻게 해야 하는가에 대한 문제예요. 그 아이들은 한 과목만 미이수하는 게 아니더라고요. 국어를 미이수하면 동시에 영어, 수학 같은 과목도 미이수를 해요. 그런데 문제는 미이수 과목을 이수하기 위한 보충 학습 과정이 의무 사항이 아니거든요. 그러다 보니 저희가 아무리 설득해도 학생은 남아서 보충 학습을 하려 하지 않고, 학부모님께 권유를 해도 낙인 효과가 두려워 남겨서 보충 학습을 시키려 하지 않아요. '그러면 졸업을 못 한다.'고 말씀을 드려도 괜찮다는 거예요. 외국의 경우는 학점 이수가 의무 사항으로 알고 있어요. 영국 같은 경우는 아동 방치나 학대로 고발까지 당하는 것 같던데, 우리나라는 학생이나 학부모가 안 하겠다고 하면 방법이 없더라고요. 나중에는 학교별로 미이수된 학생들을 발표할 텐데, 그럼 결국은 미이수자를 줄이기 위한 부담은 학교 구성원들이 지게 될 것 같아요.

성기선　우리도 고교학점제를 설계하면서 미이수자를 어떻게 처리할 것인지에 대한 걱정을 많이 했어요. 그런데 기존에도 학교에 와서 하루 종일 엎드려 자고, 3년 내내 엎드려 자는 학생도 많았어요. 그렇게 해도 학교에 출석만 하면 졸업이 가능했어요. 미이수자 문제가 생길 걸 알면서도 고교학점제를 고집했던 이유 중에 하나는, 그 문제는 고교학점제 때문에 생기는 문제가 아니라고 판단했기 때문이에요. 오히려 고교학점제하에서는 최저 학력 기준을 성취하지 못하면 졸업을 안 시키니, 공교육의 질을 어느 정도 보장하는 의미가 있습니다. 학점 미이수자들에 대해서는 학교 안 보완 프로그램을 개발해야 해요. 아까 말씀하신 낙인 효과를 없애기 위해서는 온라인으로 그 프로그램을 대체할 수도 있습니다. 어쨌든 선생님과 같은 분들이 연구 시범 학교의 경험을 토대로 문제를 제기해 주시면 다 같이 고민해서 방법을 마련할 수 있을 것입니다.

김태호　졸업을 하지 않고 밖으로 밀려나는 아이들도 문제예요. 경기도도 한 해에 10,000명 정도의 학생들이 학교 밖으로 밀려나고 있다고 들었어요. 저희 학교에서도 일부 학생들이 '학교 밖 청소년'으로 밀려나고 있거든요. 이런 청소년들의 노동 교육 문제도 심각하고요. 학교 밖에서도 이 아이들을 위한 대책이 필요하지 않을까요?

성기선　학교 밖 청소년이나 학교 안 청소년이나 다 똑같은 교육 대상층이죠. 학교 안 학생들에게만 혜택을 주고 교육을 하고, 학교 밖 청소년을 포기해서는 안 돼요. 예를 들어 학교 안 청소년에게 무상으로 등록금을 지급해 주는데, 학교 밖 청소년은 그 혜택을 못 받고 있잖아요. 학교 밖 청소년에게도 등록금 면제에 해당하는 만큼의 비용을 바우처(voucher) 방식으로라도 지급해 줘야 해요. 그 바우처를 통해 지역 사회에서 하는 프로그램에 참여하게 하거나 개별 교육을 받을 수 있게 선택권을 줘야 해요. 앞으로는 학교의 권위가 약화될 가능성이 높아요. 굳이 학교에 가지 않고도 학교 밖에서 공부하고 체험할 수 있는 곳이 많아졌거든요. 그래서 학교 밖 청소년에 대한 정책이 별도로 마련돼야 하고요. '마을 교육 공동체'나 '혁신 교육 지구 사업'이나 '꿈의 학교' 등의 사업들이 마을에 있는 학교 밖 청소년들을 담을 수 있는 그릇이 되어야 한다고 생각해요.

김태호 제가 '몽실학교' 교사도 해 봤고요. 아이들을 '꿈의 대학'에도 보내고, '꿈의 학교'에도 많이 보냈어요. 아이들이 갔다 와서 감동을 많이 받더라고요. 이런 학교에 다니고 싶다는 말을 굉장히 많이 들었어요. 기존의 공립 학교보다 패러다임을 완전히 바꾼 새로운 학교를 아이들은 좋아하더라고요. '신나는 학교'라든가 '군서미래국제학교'가 그런 개념의 학교일 것 같은데요. 이런 학교들이 더 다양해지고 많아졌으면 좋겠어요.

성기선 대안 학교는 공립 학교 또는 제도 교육의 문제점에 대한 반발로 나타났죠. 그런 흐름 안에서 여러 가지 갈래의 다양한 학교로 나누어졌어요. 그런데 공립 학교에서는 왜 그렇게 하지 못할까요?

그런 교육을 원하는 학생들의 수요, 학교의 수요를 받아서 공립 학교도 이제는 바뀌어야 해요. 지금 이야기한 '신나는 학교', '군서미래국제학교', '꿈의 학교'처럼 다른 형태로 아이들을 교육하고 지원하는 학교가 나타나야 해요. 지금의 학년제나 학급제라는 제도가 앞으로 언제까지 유지될 수 있을까요? 이제는 조금 더 적극적으로 무학년제, 무학급제 학교 또는 시험 없는 학교, 자기가 하고 싶은 것 하는 학교 등을 만들어서 선택의 폭을 계속 넓혀 주어야 해요. 성적에 의해 서열화해서 선발하는 게 아니라, 학교별로 프로그램이 다양해서 특성화된 학교를 아이들이 선택하게 해 주어야 해요. 그거야말로 변화하는 미래 세대에 맞는 교육 제도가 될 거라고 생각해요. 이제 학교는 가르치기만 하는 곳이 아니라 놀면서 배우는 공간이 되어야 해요. 어떤 사람은 '러닝 파크(learning park)'라고 이야기하던데, 학습 공원처럼 열어 놓아야 해요. 선생님들은 그 모습을 상상하는 순간 다 스톱시키고 싶을 텐데요. 교사들도 유연성을 확보해야 되고, 공부도 해야 되고, 외국 사례도 많이 경험해야 돼요. 학교가 교육을 담는 그릇이지, 오로지 교육만 하는 전용 공간이라는 생각을 버려야 해요. 학교의 형태와 기능, 역할까지 바꿀 수 있는 유연한 사고를 가져야 해요. 지금 도심 속에 폐교된 학교가 많아요. 안양에도 있고 의정부에도 있고 고양에도 나왔어요. 더 외곽으로 가면 폐교 예정인 학교들이 점점 많아지고 있어요. 이제는 학교를 지을 때 완전히 다른 방식으로 지어야 해요. 학생, 학부모, 교사가 상상할 수 있는 모든 걸 다

집어넣어서 완전히 새롭게 지어야 해요. 교육 3주체뿐만 아니라 마을 공동체나 시민 사회와 함께 변화의 방향에 대해서 고민한다면 학교의 미래는 아주 밝을 거라고 생각해요.

3장 <u>**학생과의 대담**</u>

"학교에선 한 단계 더 나아간, 혼자서는 할 수 없는, 기계적인 단순한 지식이
아닌 것을 가르치게 될 겁니다. 21세기에 필요한 역량을 4C라고 합니다. 창의
력(Creativity), 비판적 사고 능력(Critical thinking), 협력(Collaboration), 의사소
통(Communication) 역량을 말합니다. 여러분 세대가 살아갈 시대에는 이런 역
량이 훨씬 더 많이 요구되기 때문에 학교에서도 이 역량을 기르기 위한 교육
을 하게 될 겁니다."

대담자 소개

김재윤 | 경기과학고등학교 2학년에 재학 중이다. 아직 구체적인 분야를 결정하지 못했지만 생물학 계통을 연구하는 것이 현재 진로 계획이다. 인문학에도 관심이 많아 철학책 읽기를 좋아한다.

신효정 | 의정부여자고등학교 3학년에 재학 중이다. '국가 교육 회의'에 학생 대표로 참여한 적도 있고, 의정부 몽실학교에서 자치회장을 맡고 있을 정도로 주도적 참여를 좋아한다. 라디오 PD가 되는 것이 장래 희망이다.

조현우 | 구리갈매고등학교 3학년에 재학 중이다. 장래에 컴퓨터 프로그래머나 소프트웨어 개발자 또는 AI 개발자가 되는 것이 진로 계획이다. 재학 중인 학교가 고교학점제를 시행하고 있어, 공학 계통의 과목을 선택해서 공부하며 학교생활에 매우 만족하고 있다.

수능 전날 지진이 일어났는데

성기선 　귀한 시간들 내 주셔서 감사하고, 만나게 돼서 반갑습니다. 저는 2021년 2월까지 3년 4개월 동안 여러분이 제일 무서워하는 '한국교육과정평가원'이라는 수능 출제 기관에서 원장을 했습니다. 네 차례 수능을 주관하며 수능이 우리 삶에 굉장히 깊숙하게 침투해 있다고 생각했어요. 지금까지는 수능이나 교육에 관한 학부모님들과 선생님들의 의견을 차례로 들었습니다. 마지막으로 교육 3주체 중 중심축인 학생들이 학교 교육을 어떻게 바라보고 있는지 이야기 듣고 싶어요. 아무래도 제가 학교 다닐 때와 지금은 많이 다를 테니까요. 편하고 진솔하게 궁금한 사항이나 하고 싶은 이야기를 마음껏 해주셨으면 좋겠어요.

조현우 　제가 중학교 1학년 때였던 것 같아요. 교수님이 평가원장으로 계셨을 때 수능 전날 지진이 일어났는데, 그 당시의 긴박했던 상황을 이야기해 주세요.

성기선 　2017년의 일인데요. 수능이 11월 셋째 주 목요일인 16일에 예정되어 있었습니다. 그래서 전날 출제가 다 끝난 문제지가 80여 개의 전국 시험 지구에 배송되어 있었습니다. 그런데 수능 전날 오후 2시쯤 지진이 일어났어요. 처음에는 별것 아니리고 생가했는데 오후

4시, 5시쯤부터 상황이 달라지기 시작했어요. 우리가 생각한 것보다 지진으로 인한 피해가 훨씬 크더라고요. 심리적인 불안감도 굉장히 컸고요. 그 당시에 행정안전부 장관이 헬기를 타고 포항에 직접 가 보셨어요. 우리는 비상 상황실에 대기하고 있었는데, 거기서 전언이 왔어요. 현장에 가 보니, 학생들이 공포와 불안으로 시험장에 들어갈 수 없다는 거예요. 그래서 교육부 장관과 제가 회의를 했어요. 수능을 일주일 연기하자는 의견에 제가 세 가지 조건이 갖추어지면 수능을 연기하겠다고 말했어요. 그 세 가지 조건이 뭐냐 하면, 첫 번째는 대한민국의 모든 교육과 관련된 일정을 정확하게 일주일 미루자는 것이었어요. 한 치의 오차도 나면 안 된다고 말했어요. 두 번째 조건은 시험지가 이미 배부되어 있으니 그것을 일주일 동안 지킬 경찰 병력을 행정안전부 장관에게 요청해 달라고 했어요. 대개 수능 시험지는 교육청에서 담당 장학관·장학사가 와서 하루만 지키면 되는데, 일주일을 지키려면 경찰이 보안해 주어야 했어요. 세 번째 조건은 출제장에 있는 출제 위원들을 일주일 더 합숙하도록 해야 한다는 것이었어요. 물론 그건 제가 통제할 수 있는 일이었죠. 그 세 가지 조건이 충족되면 연기할 수 있다고 말했어요. 그런 조건으로 청와대와 소통하고 최종 결정이 난 다음 저녁 8시 15분쯤에 뉴스를 통해 수능 연기 결정을 발표했어요. 초를 다툰 일이었고 처음 있는 일이니 위험하고 힘든 결정이었어요. 원래 수능일인 16일에 포항 지역에 여진이 일어났어요. 만약 강행했으면 학생들 중 일부는 시험을 치다가 불안해서

뛰쳐나갈 수도 있었죠. 그렇게 되면 형평성과 공정성에 대해 지속적으로 문제가 제기됐을 텐데, 어떻든 일주일 연기하는 사이에 대체 고사장을 구해서 안전하게 잘 치렀습니다. 그때 어떤 언론사의 헤드라인에 "땅은 흔들렸어도 문제는 흔들리지 않았다."라고 나오더라고요.

평가 방식과 학교 교육의 문제점

김재윤 저는 수능에 대한 교수님의 생각이 궁금합니다. 수능이 정말로 학생의 공부 의욕을 고취해 준다고 생각하시는지요? 그리고 수능이 학생의 실력을 제대로 평가하고 있다고 생각하시는지요?

성기선 근본적이면서 핵심적인 질문이라고 생각하는데요. 지금 수능에는 문제가 많죠. 한 6~7년 전에 제가 어느 언론사에 글을 썼어요. '수능 때문에 우리 교육이 망한다.'는 주제의 글이었어요. 초등학교와 중학교에서는 혁신학교와 자유 학기제가 도입되면서 평가 방식이 바뀌고 학생들이 하고 싶은 공부를 할 수 있는 분위기가 만들어졌잖아요? 그런데 그래 봤자 뭐합니까, 고등학교에 진학하면 수능이라는 벽이 있어서 특정 방향으로 교육을 딱 옥죄고 있는데요. 그래서 그 글에서 수능을 고등학교 졸업 자격 고사처럼 바꾸고, 누구나 쉽게 통과할 수 있도록 하자고 말했어요. 그 다음에 수행 평가나 내신 성적뿐만 아니라 대학별 고사도 다양하게 쳐서 학생들의 미래 역량을 측정하자고 했죠. 근본적으로는 고등학교에서 미래 역량을 잘 길렀으면 대입 성적도 좋게 나올 수 있는 평가 시스템으로 가야 합니다. 지금 수능처럼 오지선다형 문제를 풀게 해서는 21세기를 지향하는 한국 교육에 희망이 없어요. 교사도 힘들고 공부하는 학생도 힘들어요.

김재윤 수능에 대한 문제도 있지만 저는 지금의 고등학교 교육으로 학생들을 긍정적으로 변화시킬 수 있을까에 대해 회의적이거든요. 저는 과학고를 다니고 있어서 제가 좋아하는 것들을 공부하면서 이 학교에 오기를 잘했다고 생각하고 있어요. 그런데 주변에 일반고를 다니는 친구들을 보면 영어 지문을 통째로 외우고, 수행 평가에 나올 것들도 외우는 일이 일상이 됐더라고요. 제가 만약 그랬다면 공부에 대한 보람도 느끼지 못하고 회의감마저 들었을 거예요. 교수님은 이런 한국 교육에 대해 어떻게 생각하시는지, 그리고 문제가 있다고 생각하시면 학교 교육이 어떻게 변화해야 할지 말씀해 주십시오.

성기선 지금 한국 교육의 가장 큰 문제는 '평가'예요. 그중 상대 평가에는 굉장히 문제가 많죠. 일정한 성취 기준에 도달하면 누구나 좋은 점수를 받을 수 있도록 성취 평가, 절대 평가를 해야 해요. 또 객관식 평가 방식에도 문제가 많죠.

제가 2021년 2월에 교육부 장관, 경기도 교육감과 함께 구리시의 갈매고등학교에 간 적 있어요. 갈매고등학교는 고교학점제 우수 학교로 그곳에서 앞으로 고교학점제를 어떻게 운영할지에 대한 계획을 발표했어요. 2025년부터 전국의 고등학교에서 고교학점제가 전면 시행됩니다. 어쨌든 전체 고등학교에서 고교학점제를 시행하면 학생들의 선택 과목이 다양해지기 때문에 지금과 같은 방식의 평가를 할 수 없어요. 그래서 그 학생들이 졸업하고 대학에 입학하는 2028학년도에는 대입 시험이 바뀌어 있을 거예요. 그리고 그때가 되면 김재윤 학생이 이야기한 평가에 치중하는 교육이 아니라, 자기 진로와 적성에 맞게 역량을 준비하고 하고 싶은 공부를 할 수 있는 교육이 가능할 거라고 생각해요. 그리고 그때가 자기가 선택한 과목의 시험을 치고 대학도 같은 계열로 가는 개인 맞춤형 진로 교육이 가능한 원년이 되지 않을까 하고 기대합니다.

신효정 수능도 수능이지만 많은 학생들이 수시 전형으로 대학을 가잖아요? 교수님께서는 상대 평가보다는 절대 평가를 해야 하고 객관식 시험보다는 주관식 시험을 쳐야 한다고 말씀하셨는데요. 절대 평가를 시행하고 주관식으로 논술 형태의 시험을 치게 되면 지금의 학생부 종합 전형에서 나타나는 문제점이 그대로 나타날 것 같아요. 학생들은 평가하는 선생님의 역량에 따라서 학생에 대한 평가가 달라진다고 생각하고, 그게 큰 문제라고 생각하거든요.

성기선　우리는 객관식 문항이 답이 딱 정해져 있으니까 매우 객관적이고 신뢰할 수 있다고 생각해요. 반면에 논술식으로 시험을 친다든지 수행 평가를 한다든지 하면 신뢰할 수 없다고 생각해요. 그 시험의 평가 도구가 교사이기 때문이지요. 평가 도구가 자처럼 정확해야 하는데 고무줄처럼 측정 기준이 사람에 따라서 달라지니 신뢰할 수 없다고 생각하는 거죠. 어쨌든 지금 이야기하는 교사의 평가 역량은 매우 중요합니다. 전국 50만 명의 교사가 똑같은 기준으로 잴 수는 없어요. 불가능합니다. 핀란드 같은 경우에는 교사에 대해서 신뢰가 매우 높습니다. 그래서 전문성을 갖춘 교사가 학생의 성장과 성취에 대해 평가하면 모두 수용을 해요. 그에 반해서 우리는 그 평가가 입시에 매우 중요한 영향을 미치다 보니 불신이 더 심한 거예요.

　그래서 제가 고교학점제를 기획하면서 순위를 매기는 방식의 상대 평가를 계속해서는 안 된다고 주장했어요. 학생들이 목표에 도달했는지를 평가하는 성취 기준 평가를 해야 해요. 예를 들어서 자전거 타는 법을 배운다고 할 때, 쌩쌩 잘 타면 A, 약간 미숙하면 B, 제대로 탄다고 할 수 없지만 올라탈 수 있으면 C, 올라타는 걸 자주 실패하면 D, 아예 타지도 못하고 있으면 E, 이렇게 5단계 평가를 하는 거죠. 예전에는 자전거를 잘 타도 더 잘 타는 사람이 있으면 성적이 낮고, 잘 타지도 못하는데 다른 사람들이 더 못 타면 A를 받는 사람도 있었죠. 성취 기준 평가는 교사의 판단으로 학생들이 얼마나 성취 기준에 도달했는지를 평가하는 걸 말합니다. 예전에도 이런 평가를 한 적이 있었는데 학교 간에 편차가 심하게 나타나는 문제점이 있었죠. 그래서 앞으로는 교사들 간에 점수의 편차가 크게 발생하지 않도록 하기 위해 성취 기준을 해석하는 역량을 기르는 교육을 할 겁니다. 그리고 학교 간에도 편차가 크게 생기지 않도록 조정을 할 거예요. 대학에서도 이 고등학교가 성적을 부풀리지 않는지 모니터링을 할 거고요. 그러면 지금과 같은 불신들은 줄어들 뿐만 아니라 선생님들도 높은 책임감을 갖게 될 겁니다.

학교에서 시험이 없어진다면?

성기선 학생들이 평가에 굉장히 예민한데 만약에 평가가 없이 학교 교육을 받으면 어떻게 될까요? 저는 어렸을 적에 내가 교육부 장관이 되면 시험을 다 없애면 좋겠다고 상상한 적도 있어요. 시험이 학교에서 차지하는 비중, 시험은 나에게 어떤 의미일지 한번 편하게 이야기해 주셨으면 해요.

조현우 일단 시험은 없어지면 안 될 것 같아요. 시험이라는 게 학생들이 자기 스스로를 평가할 수 있는 기회잖아요? 그래서 이 평가가 없어지게 되면 자기 자신을 평가할 수 있는 방법이 사라지게 되고 좋은 점수를 받아야겠다는 목표도 사라질 것 같아요. 지금은 어쨌는 좋은 점수를 받기 위해 공부하고 노력하는데, 평가가 없어지면 학생들이 공부를 안 하든가 공부를 하는 목표가 사라지게 되지 않을까 하는 생각이 듭니다.

김재윤 확실히 시험이 있을 때에 없을 때보다 공부를 더 많이 하는 건 사실이긴 해요. 그런데 시험이라는 게 결국은 학생들을 압박하는 장치인 건 맞아요. 그래서 그 사이에서 조절을 해야 된다고 생각합니다. 지금 당장 대학을 평준화해서 시험 없이 대학에 갈 수 있게 하겠다는 건 현실적으로 불가능하잖아요? 그러니까 학생들을 너무 압박하지 않으면서 시험을 칠 수 있게 해야 한다고 생각합니다.

신효정 초등학교 때는 시험을 엄청 많이 치지는 않았지만, 시험은 없어져야 된다는 생각을 가지고 있었어요. 왜냐하면 우리나라에서는 시험 성적으로 학생을 규정하려는 인식이 강했기 때문이에요. 어린 나이에도 그걸 알고 있었던 거죠. 그런데 커 가면서 드는 생각은 시험은 어쨌든 없어지지 않을 것 같다는 거예요. 왜냐하면 시험이라는 압박 때문에 고통받기는 하지만 어떤 발전이 있기 위해서는 시험도 필요하다는 생각이 들었어요. 저희 고등학생들은 밤낮으로 시험 공부를 하고 있는데, 시험이 없어지면 공부를 하지 않는 학생들이 많아질 것 같거든요. 그래서 시험이 필요하긴 한데 지금과 같은 시험이 아니라 시험을 보는 과목이 달라졌으면 좋겠어요. 자기의 진로와 적성에 따른 과목에 대해 시험을 친다면 자기 역량을 진정으로 평가할

수 있게 될 것 같아서, 그런 시험이 필요하다고 생각합니다.

성기선 지금 시험은 선발과 배제를 위한 시험이고, 경쟁과 낙인 효과를 유발해요. 마치 정육점의 고기 등급 같죠. A+, A++ 같이 도장을 찍어서 상품의 질을 평가하는 것처럼, 학생들에게 낙인을 찍어서 평가하고 있죠. 수능 시험도 마찬가지죠. 수능 성적이 높으면 대학 학점이 높을까요? 안 높습니다. 수능 성적과 대학 성적은 관련성이 매우 낮아요. 그런데 내신 성적과 대학 학점은 상당히 관련성이 높아요. 수능이라는 건 대학에서 수학할 수 있는 능력을 갖추었는지 확인하는 시험인데, 그 성적과 실제 대학에서의 성적이 관계가 별로 없다면 지금의 수능 시험이 잘못된 거죠. 시험을 바꾸어야 해요. 반면에 내신 성적을 잘 받으려면 성실하게 전 과목에 대해 관리를 해 주어야 되잖아요? 대학 학점도 성실해야 좋은 점수를 받아요. 성실하게 리포트도 제출하고, 출석하고, 발표도 해야 좋은 학점을 받아요. 그래서 내신 성적과 대학 성적이 관련성이 더 높아요. 어쨌든 지금 학생들이 경험하는 시험에 대한 압박은 아주 심각합니다. 어느 학교의 고등학교 3학년이 치는 시험 횟수를 세어 보니 13번이더라고요. 연합 모의고사에다 평가원 모의고사에다 중간고사, 기말고사까지 따져 보니 그렇더라고요. 시험이 스스로가 성장하고 변화하는 걸 체크하는 순기능도 분명 있지만, 지금은 너무 과도하게 많은 것 같아요.

학교가 필요한가?

김재윤　저는 본질적인 질문을 하나 드리고 싶어요. 교수님은 학교는 무엇을 위한 공간이라고 생각하시나요? 학교는 무엇을 해야 하나요? 전에 『학교 없는 사회(Deschooling Society)』라는 책을 쓴 이반 일리치(Ivan Illich)라는 사람에 대해서 공부했던 적이 있어요. 그 철학자는 제도화를 싫어해서, 학교가 학생들의 능력이나 자율성을 기르는 게 아니라 오히려 학생들의 능력을 빼앗고 스스로 탐구하는 기회를 없앤다고 하더라고요. 제 생각에 그 정도까지는 아니지만 학교에 그런 분위기가 있는 것 같았어요. 그렇더라도 학교는 자기 혼자 있으면 못 하던 걸 할 수 있으니까 그런 점에서 학교는 필요하다고 생각하거든요. 그런데 막상 중학교 생활을 돌이켜보면 학교를 다녀야 하는 이유라는 게 딱히 없었어요. 그냥 가라니까 가는 거고, 시험 쳐야 되니까 공부하고, 그냥 그렇게 있었거든요. 그래서 저는 학교가 필요한지 학교가 무엇을 추구해야 되는지에 대한 교수님의 생각을 듣고 싶습니다.

성기선 이반 일리치의 『Deschooling Society』, 1970년대 말에 '탈학교의 사회'라는 제목으로 번역되기도 했죠. 학생이 잘 요약해 준 대로 우리는 교육을 제도화하는데, 가치가 제도화되는 순간 오히려 그 가치 자체의 순수한 본질이 사라져 버린다는 내용이에요. 학교가 상품이 되고 신비화가 된다는 거죠. 우리가 흔히 '가방끈이 길다.'는 표현을 쓰잖아요? 가방끈이 길면, 즉 학교를 오래 다니면 학교가 교육하는 공간이기 때문에 제대로 교육받은 자기 생각을 갖춘 인간으로 성장해야 되겠죠. 그런데 지금은 학교 교육이 형식화되어서, 초등학교 졸업하고 중학교 졸업하고 고등학교 졸업하면 뭔가 많은 교육을 받은 것 같은데, 내실이 없는 사람들도 많아요. 내실이 없는 것까지는 이해하는데, 더욱더 큰 문제는 제도화를 통해서 잘못된 생각이나

특정 이데올로기가 머릿속에 담긴다는 거예요. 그러다 보니 개성도 없어지고 획일화되는 문제점이 발생하는 거죠. 책에서는 여러 가지 제도의 약점들을 이야기하는데, 조금 더 관심 있게 볼 부분은 뒷부분에 나오는 '러닝 웹(Learning Web)', '러닝 네트워크(Learning Network)'라는 개념이에요. 학교가 배우는 공간이며 교육을 교류하는 장(場)이 되어야 한다는 주장이죠.

김재윤 자신의 지식을 공유하면서 서로 학습해 나가는 이상적인 공동체 사회를 만들자는 것으로 저는 이해했어요. 그런데 솔직히 '현대 사회에서 그것이 과연 가능할까?' 하는 생각을 했어요. 어쨌든 귀족에게만 허용되었던 교육을 근대 시민 사회로 넘어오며 일반 시민도 받을 수 있게 학교가 해 주었잖아요? 이렇게 다양한 사람들을 교육하는 기능을 학교가 담당했는데, 그런 학교가 없어지면 과연 누가 공부하려 들까 생각돼요. 전반적으로 기초 학력도 낮아질 것 같고요.

성기선 학생은 그 주장에는 동의하지 못하나 보군요. 이반 일리치가 1970년대에 그 이야기를 했을 때 교육학자들은 "저 사람은 비판은 잘하는데 대안은 굉장히 비현실적이다."라고 말했어요. 제가 최근에 그 책을 다시 한번 읽어 봤더니, 이반 일리치는 천재가 아니었나 생각했어요. 왜냐하면 그 당시에는 불가능했던 대안들이 지금에 와서 보면 조금씩 현실화되고 있거든요. '러닝 네트워크(Learning Network)'는 요즘 교사들이 하는 '전문적 학습 공동체'와 유사합니다. 뜻이 맞는 교사들끼리 모여서 공부하는 모임이에요. 영어로 'Professional Learning Community'나 'Professional Learning Network'라고도 합니다. 과연 학교가 없어지면 정말 아무것도 못할까요? 아니에요. 우리 사회에는 구글이나 네이버, 페이스북, 유튜브 등을 통해 관심 있는 사람들끼리 모여 서로 주거니 받거니 하면서 가르치고 배우잖아요? 그게 '러닝 네트워크'예요. 이반 일리치의 말에 따르면, '인터넷을 공부하고 싶다면 인터넷 고수를 찾아가서 배우면 되지, 뭘 학교에서 가르치냐?'는 거죠. 코로나 19 때문에 등교도 하지 못하고 집에서 원격 교육을 받다 보면, '학교 안 가도 되는 것 아니야?' 하는 생각이 든 적 없어요? 학교가 마치 누구나 가야만 하는 그런 제도라고 생각했는데, 이제는 학교가 갖고 있는 권위가 많이 무너졌다는 생각 안 드나요?

조현우　저희 학교는 고교학점제를 운영하는 학교인데요. 그래서 제가 원하는 과목을 선택해서 교육을 받아요. 그런데 코로나 19로 온라인 교육을 받으면서 학교에 못 가는 아쉬움이 있어요. 저는 '공학 일반' 과목을 선택해서 듣고 있는데, 그 과목은 건축이나 코딩이나 AI 같은 내용을 다뤄요. 그런데 온라인으로 수업을 진행하다 보니, 현장 수업보다 솔직히 교육의 질이 조금 떨어지더라고요. 그래서 학교에 가서 수업을 듣고 싶었어요. 그런 이유로 학교는 필요하고 조금 더 나은 수업을 위해 학교에 가야 된다고 생각해요.

성기선　지난 2년 동안 원격 수업과 같은 비등교 경험을 오랫동안 하다 보니, 학교에 대한 관점이 예전과 달라진 건 분명한 것 같아요. 학교가 필요하기는 하되, 절대적인 가치가 많이 줄어들었다는 생각이 들어요.

신효정 저에게는 코로나 19가 학교의 기능에 대해 다시 생각하게 되는 계기가 됐는데요. 등교 수업을 할 때 선생님들은 온라인 수업 때 나간 진도 다음부터 가르치시거든요. 사실 온라인 수업의 학습 효율성은 좀 떨어지잖아요? 온라인 수업 때는 아무래도 잘 안 듣는 친구들이 많으니까요. 온라인 수업의 효율성을 파악하셔서 그랬는지는 몰라도, 온라인 수업이 주(主)를 이루던 1학년 때는 시험 문제가 정말 쉬웠어요. 그래서 성적도 잘 나왔거든요. 저와 제 친구들은 '시험이 이렇게 쉽고 성적도 잘 나오는데 굳이 학교에 나와서 수업을 들어야 하나?' 하는 생각을 많이 했어요. 그런데 2학년에 올라와서 생활을 해 보니까 공부도 공부지만 학교가 '작은 사회'라는 생각이 들었어요. 나중에 사회에 나가게 되면 굉장히 다양한 연령층과 문화를 가진 사람들과 함께 모여 살게 될 텐데, 학교에서 친구들, 선생님들과 관계를 맺으면서 그런 인간관계에 대해 미리 경험하게 되는 것 같아요. 나와 맞는 사람이 있는 반면 맞지 않는 사람들도 많다는 깨달음도 얻고, 학교에서 여러 가지 일을 미리 겪으며 삶의 지혜를 얻는 것 같고요. 앞으로 어떤 형태로 변화하든 학교라는 것이 없어지지는 않을 것 같아요. 공부를 떠나서 이런 작은 커뮤니티를 만들고 경험하게 해 준다는 점에서 학교의 기능과 필요성은 있다고 생각해요.

성기선 방금 학생이 이야기한 것처럼 학교가 그저 기술과 지식만 전달하는 기능을 하기에는 한계에 도달한 것 같아요. 그럼 이제는 뭘

해야 하느냐? 거기에 더해서 인간관계, 사회화, 공동체 의식 등을 만들어 내는 역할을 해야 해요. 학교에 안 가고 집에서 혼자 인터넷으로 공부하는 아이들이 배우지 못하는 역량과 능력을 학교 교육을 통해서 배양해 주어야 해요. 그래서 저도 학생들 말처럼 학교는 없어지지 않을 것 같아요. 다만 그 기능과 내용과 형식이 바뀔 수밖에 없을 것 같아요. 예전처럼 그냥 교과서 달달 외우고 시험 위주로 수업하는 학교는 더 이상 필요가 없게 될 겁니다. 주머니에 스마트폰이 있고 AI가 등장하면서 예전처럼 암기할 필요가 없어졌어요. 손으로 클릭만 하면 답이 나오고 말로 묻고 답하는 세상이 온 겁니다.

미래 학교와 교사의 역할

조현우 그럼 앞으로의 학교, 미래 학교에서는 무엇을 가르쳐야 할까요?

성기선 학교에선 한 단계 더 나아간, 혼자서는 할 수 없는, 기계적인 단순한 지식이 아닌 것을 가르치게 될 겁니다. 21세기에 필요한 역량을 4C라고 합니다. 창의력(Creativity), 비판적 사고 능력(Critical thinking), 협력(Collaboration), 의사소통(Communication) 역량을 말합니다. 여러분 세대가 살아갈 시대에는 이런 역량이 훨씬 더 많이 요구되기 때문에 학교에서도 이 역량을 기르기 위한 교육을 하게 될 겁니다. 형식적으로도 성냥갑처럼 갇혀 있는 교실에서 시간표대로 수업하고, 교사가 말하고 학생이 듣고, 시험이 있고 교과서가 있는 지금의 이런 틀은 매우 유연하게 바뀌게 될 겁니다. 온라인과 오프라인이 접목되기도 하고, 우리 학교 수업만 듣는 게 아니라 옆 학교에 가서 수업을 듣기도 하고요. 학교는 수많은 변화의 가능성을 열어 놓고 스스로 변화를 모색해 나가며 다음 단계로 진화하게 되어 있어요. 그렇지 않으면 학교가 생존할 수 없어요.

김재윤 그러면 교수님은 학교가 이전까지는 학생들에게 지식을 가르치는 기능을 담당했다면 이제는 '자율적인 배움 공동체'로서 사회적 의미와 공동체 의식을 강조하는 곳으로 변하게 될 것이라고 생각하시는 건가요?

성기선 지식 교육은 기본이고요. 단순히 지식을 전달하는 것이 아니라, 학생 주도형 수업을 통해 스스로 깨닫게 하는 거죠. 지금 학생들이 많이 하고 있는 팀 프로젝트 활동과 같은 수업이 주가 되지 않을까 합니다. 교사는 촉진자, 안내자 역할을 하면서 보조적인 역할을 할 거예요. 지금처럼 학생들은 수업을 듣고 교사는 가르치고, 교사는 정답을 가지고 있고 학생들은 답을 맞혀야 하는 방식은 벗어나야겠죠. 앞으로 학교가 어떻게 변할지 예측하기는 쉽지 않은데 지금까지와는 다른 새로운 유형의 학교가 등장할 수밖에 없는 환경임은 틀림 없습니다. 그리고 이런 현상은 더 가속화될 거라고 생각해요. 여러분은 지금과 같은 학교를 어떻게 바꾸고 싶은가요? 아마 문제의식이나 불만이 많을 텐데요.

신효정　저는 초등학교, 중학교, 고등학교까지 오랜 시간 동안 교육을 받아 오면서 참스승이라고 여기며 감사드리고 싶은 은사님도 많이 계세요. 그런데 손에 꼽을 정도로 적지만 그렇지 않은 선생님도 분명 계시거든요. 가끔 어떤 분들에게서는 지금의 교육 트렌드와는 멀리 떨어져 있다는 느낌을 받아요. 수업 시간에 신유형의 문제를 못 푸시는 선생님들도 계시고, 어떤 선생님들은 학생들에게 모범이 되지 못하는 모습을 보이시기도 하거든요. 다들 열심히 노력해서 임용 고사를 통과해 선생님의 자리까지 오셨겠지만 시간이 흐른 만큼 트렌드를 반영한 재교육이 필요하지 않을까 생각합니다. 선생님을 평가하는 '교원 능력 개발 평가'라는 것이 있는데, 학생들은 '익명성이 보장될까, 내년이나 내후년에 나에게 불이익이 오지 않을까?' 하는 생각으로 참여를 하지 않거나, 후하게 평가를 하는 경우도 있고요.

성기선　저도 학교 다닐 때 교사의 역량에 관해 비슷한 경험을 많이 했어요. 산업화 시대에는 다른 직업이 교사보다 월급도 많이 주고 대우도 좋으니 역량 있는 사람들이 교사라는 직업을 기피했어요. 그런데 1990년대 중반부터는 임용 고사로 선발된 교원들이라 지적 수준은 세계 최고라고 이야기하고 싶습니다. 물론 개개인을 분석해 보면 50만 교사가 모두 그렇지는 못하기 때문에 10명 중에 1~2명 정도한 테 불만이 제기됩니다. 그런데 그런 교사들에게 페널티를 주고 불이 익을 주는 방식으로 해결하는 것은 옳지 못하다고 생각해요. 열심히 하려고 하는 교사들은 적극 지원해서 더 열심히 할 수 있도록 해 주고, 그렇지 못한 교사들에게는 보완할 수 있는 기회를 주어야 해요. 지금 학교에서는 학생들이 생각하는 것보다 교사들의 업무가 굉장히 많아요. 수업뿐만 아니라 행정 업무, 학생 지도, 상담, 학교 행사 진행 등으로 교사가 가르치는 행위에 집중할 수 없는 구조예요. 그리고 그런 일들이 누적되다 보니 '번아웃(burnout)'이 된 거예요. 처음에 신선하던 그 역량 있는 교사들이 4~5년쯤 되면 벌써 번아웃이 온다고 그러니, 그들을 활성화할 방안이 필요해요. 공무원인 교직 사회는 경쟁이나 인센티브와 같은 성장에 대한 촉진제가 없다 보니 정체될 가능성이 높아요. 교사로서 자질이 없을 것 같은 사람도 해고할 수 없는 구조예요. 그런 경직된 교직 문화가 분명히 있기는 한데 최근 10년 동안 교육 현장을 보면서 희망은 있다고 생각해요. 요즘은 2030세대 교사들이 전체 교원의 절반을 차지하고 있는데요. 학교가 자기 계발에 적극적인 젊은 교사들로 빠른 속도로 세대 교체되고 있습니다. 제가 경기도율곡교육연수원장을 3년 정도 했는데 매우 감동적인 장면도 많이 봤어요. 판을 깔아 주니 교사들이 자발적으로 유쾌하게 자기를 바꾸더라고요. 그 유쾌함이 학교 현장에 기면 학생들한테 긍정적인 영향력을 줄 것 아니에요? 교원의 역량을 계속 강화하기 위해서는 교육청이나 교육부가 슬기롭게 정책을 펴야 한다고 생각해요. 지금 학생이 지적하는 그 내용에 대해서는 우리가 어떻게 대처할지 충분히 고민해 봐야 해요. 어떤 제도로 한 번에 문제를 해결할 수는 없고 지속적으로 고민해야 할 문제인 것 같아요. 고교학점제를 시행하는 조현우 학생의 학교에서는 이런 문제가 조금 덜한가요?

조현우 어느 학교나 비슷한 문제가 있는 것 같아요. 어떤 분들은 열정이 넘치시지만, 어떤 분들은 약간 귀찮아하시는 모습도 보이시거든요. 교수님 말씀처럼 거의 모든 학교에서 그런 문제가 있지 않을까 생각합니다.

김재윤 교사 역량에 관해서 생각했던 적이 있어요. 조금만 있으면 고교학점제가 모든 일반계 고등학교도 전면 시행되잖아요? 교육부에서 나온 자료를 한번 읽어 봤는데, 수백 개의 교과목을 만들 것이며, 영상 촬영이나 영상 편집과 같은 교과목도 만들겠다고 야심 차게 발표를 했더라고요. 그런데 지금의 교사를 양성하는 시스템으로 이런 교과목에 대응할 수 있을지가 의문이었거든요. 지금의 교사 양성 과정은 교육학과, 수학 교육과, 물리 교육과, 윤리 교육과 등 대학에서 전공과목을 공부한 다음 임용 고사를 보고 발령받아서 교사가 되는 거라고 알고 있거든요. 그런데 고교학점제로 생긴 수많은 과목에 교사를 원활히 수급할 수 있을지 사실 의문이에요. 예를 들면 조현우 학생이 '공학 일반'을 선택했는데, 공학은 근본적으로 물리니까 물리 교육과를 전공한 교사가 그 수업을 할 수도 있겠지만 따지고 보면 공학이 순수 물리와는 엄연히 다르잖아요? 그런 점에서 보면 물리 교사가 공학 교사의 역할을 완전히 대체할 수 있다고 생각하지 않아요. 고교학점제에서 교사의 수급을 어떻게 원활히 할 수 있을지 궁금합니다.

성기선 제가 2021년에 1년 동안 교육부 산하 기관인 '교원 양성 체제 혁신 위원회' 위원장을 했어요. 학생이 이야기한 것과 똑같은 문제의식을 가지고 교원 양성 과정을 어떻게 바꿀 건가에 대해서 연구했습니다. 교대 교수, 사범대 교수, 교육 대학원 교수, 학부모, 대학생, 교원 단체와 1년 동안 갑론을박을 거쳐서 11월에 연구 결과를 발표했습니다. 대략 설명을 드리면, 앞으로는 국어 교육, 영어 교육, 수학 교육, 이렇게 과목을 나누지 않을 것이고, 교과 중심에서 융복합 역량 중심으로 교육을 전환할 예정입니다. 예를 들어서 물리를 전공하면서 동시에 철학을 공부할 수도 있습니다. 그럼 2개의 전공을 갖게 되고, 이를 다교과 전공이라고 표현합니다. 다교과 전공이니 2개, 3개를 전공할 수도 있는 거예요. 지금은 교과 간의 벽이 강해서 고교학점제 시행 시 문제가 발생해요. 가령 '과학 철학은 과학이냐, 철학이냐?', '동물 심리학은 동물학이냐, 심리학이냐?' 같은 문제가 발생하죠. 그래서 다교과 역량을 가르칠 수 있는 자격증을 만들고 그 자격증을 가진 교사에게 방금 이야기한 융복합 영역의 과목을 담당할 수 있게 할 겁니다. '이미 교직에 있는 기존의 교사들은 어떻게 할 거냐?' 하는 문제가 남죠. 기존의 교사 중에서 복수 전공한 사람들을 우선적으로 기용하고, 다교과 전공을 하도록 대학원 진학을 유도하고, 1급 자격 연수할 때도 다교과 역량을 배우게 할 예정입니다. 지금부터 단계적으로 진행해 나갈 거예요.

고교학점제 시대의 교사

조현우   그렇다고 하더라도 고교학점제의 선택 과목이 아주 많아서 모든 과목을 교사 재교육으로 감당할 수 있을 것 같지 않아요.

성기선   그럼에도 불구하고 안 되는 부분이 있어요. 예를 들어서 유기농 농사법을 배우고 싶은 학생이 있어요. 그런 학생이 일정 수 이상 모이면 과목을 개설해 주어야 해요. 그런데 교사 중에 그런 자격증을 가진 사람이 없어요. 그러면 동네에 유기농 농사 전문가를 모셔 와서 한 학기를 강의하거나, 아니면 학생들이 거기로 가서 수업을 듣게 할 수 있죠. 동네가 작아서 전문가를 찾을 수 없다면, 온라인으로 교육을 진행할 수도 있어요. 지금 국가에서는 교육 종합 플랫폼을 만들기 위해 설계를 하고 있어요. 이 플랫폼에는 AI나 메타버스와 같은 신

기술을 도입하여 온라인 수업의 질도 향상시킬 예정입니다. 그래도 오프라인이 더 낫다고 생각한다면 지역에서 한 5개 학교끼리 결합해서 공동 교육 과정을 만들어서 해결할 수도 있습니다. 예를 들어 A라는 학교는 과학 쪽에 집중하고, B라는 학교는 예술 쪽에 집중하고, C라는 학교는 공학 쪽으로 집중한다고 생각해 보세요. A 고등학교에서 예술 과목을 선택하고 싶은 학생은 B 고등학교에서 수업을 들으면 됩니다. 그러면 앞서 이야기한 것처럼 학교 긴의 벽을 없앨 수 있는 거예요. 학교 안에서 과목을 선택하는 방법, 학교 간의 지역 교육 과정을 운영하는 방법, 온라인으로 교육하는 방법 등 우리가 상상할 수 있는 다양한 매체와 방법을 총동원해야겠죠. 그렇게라도 해서 한계를 뛰어넘으려고 노력해야 해요. 2025학년도 고교학점제부터 2022 개정 교육 과정이 적용돼요. 2022 개정 교육 과정은 다역량 교육 과정, 융복합형 교육 과정, 핵심 역량 중심 교육 과정입니다. 여러분은 그 혜택을 못 받겠지만 이후 세대는 지금의 고등학교와는 전혀 다른 방식의 고등학교를 경험할 거예요.

신효정 지역에 계신 분들을 선생님으로 모신다는 말씀을 듣고 나니 생각이 났는데요. 제가 경기도 의정부에서 몽실학교 자치회장을 맡고 있습니다. 몽실학교는 청소년들끼리 자치회를 꾸려 학교를 운영하는데, 의정부에서 나고 자라신 분들이 마을 교사로서 많은 도움을 주고 계세요. 마을에 계신 전문가들을 부르거나 모집해서 몽실학교 학생들에게 교육도 해 주시고요. 저희 지역 몽실학교에는 노래방, 춤 연습실, 작은 방송국 스튜디오가 있는데, 마을 전문가들께서 장비도 대여해 주셔서 청소년들이 진로를 탐색할 수 있는 기회를 손쉽게 얻고 있어요. 이런 경험을 하면서 이게 우리 학교에도 적용이 된다면 교육적으로도 많은 발전을 이룰 수 있지 않을까 하는 생각을 하게 되었습니다.

성기선 몽실학교는 학생 자치와 마을 교육이 결합된 매우 특이한 공간이에요. 그럼 일반 학교에서는 그렇게 할 수 없느냐? 일반 학교도 가능합니다. 아직까지는 마을과 학교가 구분되어 있는데 요즘은 지역 사회와 학교가 협업하는 체제를 구축하고 있어요. 학교에는 돌봄에 대한 요구도 있어서 방과 후 프로그램에 지역 전문가들이 들어오고 있어요. 앞으로는 그걸 더 강화해 나가야지요. 학교 시설도 주민들이 활용할 수 있도록 하고, 역으로 지역에 있는 자원들을 학생들이 언제든지 들락날락할 수 있게 만들어 주어야 해요. 학교 공간은 학생들만의 독점물이 아니라 지역 사회의 교육적 자원이고, 마찬가지로 학생 또한 지역 주민으로서 지역 자원들을 이용할 권리가 있는 겁니다. 학교도 시대 변화에 적응하려면 폐쇄성을 버리고 마을과 호흡을 같이해야 해요. 저출생 등 어떤 이유로 학교가 필요 없는 시대가 오더라도 학교 건물은 남아 있거든요. 학교가 마을 교육 공동체라는 이름으로 남아 있기 위해서는 지금보다 더 유연성을 확보해야 합니다.

저출생과 대학의 미래

김재윤 저도 한국 교육이 처한 가장 큰 문제는 교육 과정보다 저출생이라고 생각해요. 지금 계속해서 학령 인구가 감소하고 있잖아요? 실제로 제가 다니는 학교도 저출생 때문에 입시 경쟁률이 낮아졌다고 하더라고요. 시간이 지날수록 학령 인구는 감소할 것이고, 그렇세

되면 필연적으로 지방의 대학들이 문을 닫게 될 거라는 신문 기사를 읽은 적도 있어요. 그래서 지금이라도 지방 대학들은 통폐합을 해야 되지 않을까 하는 생각을 하게 되었어요. 다들 예상하는 결과지만 학생들은 여전히 서울로 몰릴 것이고 지방에는 학생들이 부족할 게 뻔하거든요. 이런 현상은 심화될 테니, 지방에 있는 대학들이 경쟁력을 갖추려면 어쩔 수 없이 통폐합을 해야 되지 않을까 하고 생각합니다.

성기선 2020년 우리나라 합계 출산율이 0.84명이에요. OECD 국가 중 최저 수준입니다. 두 사람이 결혼해서 한 명도 못 낳고 있는 상황이고, 지금도 코로나 19로 인해 출산율이 더 떨어지고 있습니다. 약 5,000만 명의 인구가 10년, 20년이 지나면 3,000만 명대로 떨어져요. 2022학년도 수능을 친 학생이 45만 명쯤 돼요. 재수생이 13만 명 정도 되고, 순수 현역이 약 32만 명 돼요. 5년이 지나면 28만 명 정도로 떨어집니다. 지금 대학 정원이 40만 명 정도 되는데, 벌써 지방 대학은 정원의 30퍼센트도 못 채운 대학이 수두룩해요. 1990년대에 '대학 설립 준칙 조례'가 발표되면서 대학 설립을 자유화했어요. 그 때부터 지방에서 대학들이 우후죽순처럼 생겼는데, 지금도 지방대의 정원 미달은 심각합니다. 대학 1학년 때 50퍼센트의 정원을 모집했다고 쳐요. 학생들이 2학년 올라가면서 서울에 있는 대학으로 편입학을 해요. 남학생들은 군대를 가고 전역 후에 편입이나 자퇴를 해요. 그래서 4년제 대학인데 3, 4학년이 없어요. 심각한 것은 이게 일시적인 현상이 아니라 나아지지 않을 거라는 겁니다. 2021년 12월에 한국 교육 개발원에서 나온 보고서를 보면, 10년 정도 지나면 380여 개 대학의 절반이 문을 닫을 거라고 예상해요. 학생이 없는데 대학이 어떻게 존재하겠습니까? 대학 구조 조정을 하는 것은 정부 당국에서 조치를 취해야 합니다. 대학들도 스스로 경쟁력이 떨어진다고 생각하면 통폐합을 시도해야 하고요. 정부에서도 대학이 스스로 폐쇄 또는 통폐합할 수 있도록 퇴로를 확보해 주어야 해요. 또 지방의 거점 국립 대학은 서울의 우량한 사립 대학들과 연계하여 대학 연합 체제를 만들어야 합니다.

진로를 위한 학교 교육

성기선 저출생 문제는 대학에만 영향을 주는 건 아니에요. 인구는 국가 경쟁력에도 절대적인 영향을 미칩니다. 저는 지난 20년 동안 우리나라가 이렇게 발전할 줄 몰랐어요. 여러분이 태어나기 직전에는 'IMF 외환 위기' 때문에 경제가 매우 심각했는데 지금은 OECD 경제 규모 순위가 7~8위 정도는 돼요. 놀라운 일이고 이 상태로 5년 정도가 지나면 OECD 5위 안으로 들어갈 수도 있다고 그래요. 제가 살아 있을 때 이런 날이 온다는 건 상상도 하지 못했어요. 여러분의 미래가 아주 밝다고 생각해요. 그래서 꿈이라든지 희망이라든지 공정이라든지 이런 가치들을 포기해서는 안 돼요. 여러분이 어떤 삶을 키

우고 있는지 듣고 싶어요. 그리고 그와 관련해서 학교에서 뭘 더 보완해 줬으면 좋겠는지도 함께 듣고 싶고요.

조현우   저는 컴퓨터 계통에서 일하고 싶어요. 컴퓨터 프로그래머나 소프트웨어 개발자 또는 AI 개발자가 되고 싶은데요. 그래서 지금 학교에서 시행하는 고교학점제가 저한테는 딱 맞는 것 같아서 아주 만족하고 있어요. 제가 학교에서 활동하고 있는 동아리가 있는데요. 코딩을 통해서 공학적으로 사람들을 도와주자는 의미에서 친구들끼리 만든 동아리입니다. 동아리 이름이 '웰페어 코드'인데요. 제가 제일 의미 있게 한 활동 중에 하나가 코로나 19에 감염될 위험이 있으니 다가오지 말라는 뜻의 경고 모양을 코로나 바이러스 모양으로 만들어서 박물관에 전시한 것이었어요. 그런 물건을 만들거나 코드를 작성할 때 어떻게 해야 할지 학교 교육을 통해 배웠고요. 스스로 연구하고 발전해 나갈 수 있는 환경을 지원받았어요. 그래서 저는 지금 학교에서 하고 있는 교육이 아주 만족스럽습니다.

성기선 저도 갈매고등학교에 대해서 잘 아는데, 그 학교를 고교학점제 선도 시범 학교로 만들기 위해서 교장 선생님과 여러 선생님들이 엄청나게 노력했어요. 학생의 이야기를 들으니 토대를 잘 닦아 놓은 것 같습니다. 고등학교에서 그런 경험을 할 수 있다는 건 아주 특이한 사례예요. 모든 학생들이 만족하고 있지는 않겠지만, 적어도 고등학교에서 자기 진로와 관련된 교육 과정을 선택할 수 있다는 것만 해도 제도가 학생 중심으로 흘러가고 있다고 생각합니다.

김재윤 저는 생물학과에 진학하기를 희망하고 있습니다. 생물학 안에서도 동물 생명 공학, 식물 생리학, 세포학, 생태학 등 분야가 다양한데 세세한 분야까지는 아직 못 정했고, 지금은 막연하게 생물학을 연구하는 쪽으로 진로를 계획하고 있습니다. 저희 학교는 영재학교라서 고교학점제로 운영되고 있습니다. 1학년 때는 필수 교육 과정을 다 들어야 되지만, 2학년이 되면 자신이 원하는 과목을 선택해서 들을 수 있어요. 각 과목의 선생님들이 의욕적으로 학생들을 위해 뭔가를 더 해 주시려고 하는 게 저희에게도 느껴져서 우리 학교는 좋은 학교라고 당당하게 말할 수 있어요. 그리고 과학고라서 정부로부터 많은 지원을 받아서 진로를 계획하는 데 학교 교육이 부족한 부분은 없습니다. 그런데 최근 영재학교들이 논란이 많잖아요? 과학 영재를 키우기 위해 지원을 해 줬는데, 의대에 진학해서 논란이 있었는데요. 저는 그런 논란이 없도록 일반고나 특성화고 등의 다른 학교에게도 저희가 받는 지원을 나누어 주었으면 좋겠어요. 앞으로는 학령 인구도 줄어드니까 학생 한 명에게 투자할 수 있는 돈이 조금 더 늘어나게 되는 셈이니, 교육 예산을 크게 늘리지 않고도 가능할 거라고 생각합니다.

성기선 좋습니다. 신효정 학생은 어떤가요?

신효정 두 분 다 이과 쪽이신데 통합이라지만 저는 문과 성향이 조금 강하거든요. 저는 초등학교 5학년 때까지 국회의원이 꿈이었어요. 어떤 이유로 꿈을 포기한 뒤로는 계속 방송 계통에서 일하고 싶다는 생각을 하게 되었습니다. 그러던 중 라디오를 듣다가 크게 위로를 받은 기억이 강하게 남아서 라디오 PD가 되기를 희망하고 있습니다. 그런데 저는 일반고를 다니다 보니 내신이나 수능 대비 공부를 주로 하고 있어서, 진로 관련해서 뭔가 경험할 수 있는 기회가 부족해요. 학교에서 진로 관련해서 경험할 수 있는 건 동아리나 방송국밖에 없거든요. 그리고 학교나 정부로부터 받는 지원도 부족하다는 느낌을 받았어요. 그래서 의도치 않게 자기 주도적으로 외부 활동도 하게 되었지만, 항상 지원이 조금 아쉽다는 생각은 들어요. 또 학교 수업 시간에 진로 교육을 하면 대학 진학 위주로 수업을 해 주세요. 교재도 따로 있어서, 생활 기록부 특기 사항 관리, 성적 관리, 대학 입시를 위한 진로 설계와 같은 내용으로 수업을 받았어요. 물론 현실적으로는 그게 가장 필요하겠지만 매번 그런 교육만 받다 보니, '이게 과연 도움이 될까?' 하는 생각도 들었어요.

성기선 지금 학교에 진로 전문 상담 교사가 계실 테고 그분들이 수업을 담당할 거예요. 그런데 진로 상담을 주로 대학 진학을 위한 학과 안내나 입시를 위한 기술적인 가이드만 해 주세요. 물론 그것도 필요하지요. 그런데 진학 상담이 아니라 진로 상담이라고 하면 학생의 진로를 위해 조금 더 깊고 철학적인 접근을 해 주어야 한다고 생각해요. 학생의 강점을 찾아 주고, 진로를 위해 무엇을 해야 하고, 앞으로 그 진로가 어떤 가치가 있는지 스스로 성찰할 수 있는 시간을 만들어 줘야 합니다. 지금은 조금 아쉽지만 앞으로는 그런 부분이 보강될 거라고 생각해요. 학교의 역할은 대학을 보내는 게 아니라, 지기를 설계할 수 있는 출발점이 되어야 해요. 신효정 학생의 경우에는 몽실학교 경험 등으로 학교 내의 부족한 부분을 바깥에서 많이 보강하고 있는 것 같아요.

당부하고 싶은 말은 학교 아이든 밖이든 다양한 경험을 하고, 실패하더라도 계속 도전했으면 좋겠어요. 온실의 화초는 찬바람 살짝 불고 서리라도 내리면 확 시들어 버리잖아요? 거친 환경 속에서도 자기 주관을 갖는다면 새로운 환경과 변화에 잘 적응할 수 있을 거라고 생각해요. 많은 고등학생들이 제발 이 시간이 빨리 지나갔으면 좋겠다고 생각할 거예요. 그럴 때『죽은 시인의 사회』에 나오는 문구를 떠올려 봤으면 좋겠어요. "현재의 삶을 즐겨라." 카르페 디엠(carpe diem)이라는 라틴어로도 유명하죠. 행복은 유보될 수 있는 게 아닙니다. 자기 계발을 꾸준히 해 나가되, 현재의 삶을 즐기고 하고 싶은 것을 뒤로 미루지 말았으면 좋겠어요. 그런 경험들이 축적되면 자기 삶의 자양분으로서 기능할 것이고, 대학 이후 삶에서도 자기를 특징지을 수 있는 자원으로 작용할 거라고 생각합니다. 소중한 시간 내 주셔서 감사합니다.

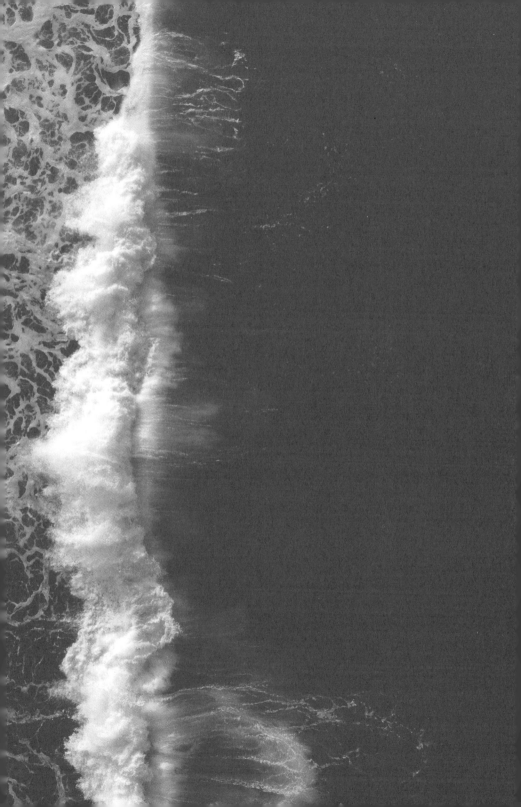

에필로그

교육 대전환,
비판의 시간을 넘어 실천의 현장으로

교육 대전환에 대한 요구가 강하다. 산업 사회에 적합한 기존의 학교 교육 방식으로는 다가올 미래를 대비할 수 없다는 위기감을 반영하는 주장이다. 우리나라의 학교 교육에는 다른 나라에서는 쉽게 찾아볼 수 없는 독특한 구조적 특징이 있다. 바로 입시라는 틀 속에서 학교 교육 과정이 진행되는 것이다. 그 틀의 외피는 날이 갈수록 두꺼워지고 견고해져서 탈피하기가 쉽지 않다. 유치원 단계부터 입시 경쟁의 질곡에 빠지게 되고 학년이 올라갈수록 그 경쟁의 강도는 강해진다. 학부모, 학생, 교사 모두가 이 굴레에서 빠져나오고 싶어

194

하지만, 그 누구도 자유롭지 못하다. 세계 최고의 학습 노동량, 청소년 자살률, 사교육비…. 수많은 객관적 지표들이 우리 교육의 암울한 현주소를 말해 주고 있다. 사회적으로는 코로나 19, 저출생 고령화, 지방대 소멸, 4차 산업 혁명, AI 등 총체적 위기와 변화가 우리를 위협하고 있다. 부분적인 개혁으로는 도무지 이 거대한 변화에 대응하기 어렵게 되었다. 그래서 우리는 '교육 대전환'을 강력하게 주장하고 있다.

학교 교육은 변해야 한다. 학생들의 삶과 괴리된 교육, 경쟁을 유발하는 교육, 차별화하고 서열화하는 교육은 이제 버려야 한다. 삶을 즐기고, 협력하고, 공생하고, 배려하고, 존중하는 교육, 꿈을 키우는 교육, 재미있는 교육, 민주 시민을 양성하는 교육, 그러면서도 국제 경쟁력을 제고하는 새로운 패러다임의 교육을 실현해 나가야 한다.

이와 유사한 문제의식은 지금으로부터 13년 전 혁신학교의 설립 동기로 작용하기도 했다. 2009년 경기도교육청에서 13개 학교로 시작했던 혁신학교는 전국적으로 2,000개를 넘어섰다. 전국 17개 시·도 교육청에서도 그 명칭은 조금씩 차이가 나지만 혁신 교육을 실천하고 있는 것이다. 전반적으로 혁신학교가 학생 중심의 학교로 학생의 자신감 향상과 수업 참여도 향상 등에 긍정적이라는 결과가 보고되고 있다. 하지만 교사 스스로 혁신에 대한 공감도가 낮은 상태에서 혁신학교가 운영되다 보니, 무늬만 혁신학교라고 비판받는 학교가 존재하는 것도 사실이다. 또 입시 교육에 높은 관심을 보이는 학부모에게 혁신학교는 불신의 대상이 되기도 한다. 아울러 양적 팽창에 걸맞은 질적 수준이 미비하다는 점, 교사들의 잦은 이동으로 혁신학교의 문화가 제대로 지속되지 않는 점 등의 문제점도 있다. 하지만 혁신학교는 공교육을 혁신하고, 학생 중심으로 교육을 전환하고, 민주적인 학교 운영이 가능하게 하였다는 점에서 긍정적으로 평가할 수 있다.

여하튼 우리 교육은 미래가 걱정될 정도로 여러 문제로 몸살을 앓고 있다. 이제 이념적 논쟁, 진영 논리, 보수와 진보의 갈등 구조에서 우리 교육을 자유롭게 했으면 한다. 혁신학교나 행복학교가 학교 수준에서 자율적으로 운영할 수 있도록 운영의 자율권을 대폭 부여해야 하며, 교육청 역시 정치권과 교육부의 눈치를 보지 않고 진정한 교육 자치를 구현할 수 있도록 해 주어야 한다. 오로지 국민의 눈높이에서 우리 교육이 가진 문제를 해결하고, 학생이 행복한 교육, 학생이 주인인 교육, 학생이 주도하는 교육을 위한 새로운 교육 체제를 설계하고 실천해야 할 시점이다. 미래 교육의 성패는 변화를 얼마나 적극적으로 수용하고 빠르게 변신하는가에 달려 있다. 교육의 미래를 위해 현재 우리는 어떤 노력을 하고 있는가? 우리는 진정으로 교육을 변화시키려 노력하고 있는가? 이 시간에도 성적 경쟁에 매몰되어 자신을 잃어 가고 있는 수많은 학생, 청소년들이 힘든 삶을 영위하고 있다. 교육의 본질을 찾기 위한 강력한 혁신 정책을 추진해 나아가야 할 시점이다.

이 책은 이러한 문제의식을 기반으로 우리 교육의 현실을 다시 한 번 돌아보자는 의도로 기획하였다. 거대 담론, 구조적 시각, 정책적 시각만으로는 제대로 된 교육 대전환을 설계하기가 어렵다. 구조와 행위, 큰 목소리와 작은 목소리, 이상과 현실을 모두 고려하고 조화롭게 설계해야 우리 교육을 제대로 이끌어 나갈 방향을 잡을 수 있다. 지금까지의 교육 개혁, 교육 혁신의 담론은 현장의 목소리를 외면한 거대 담론 중심이었다. 그래서 지금도 현장에서 고군분투 중인 교육 주체, 즉 학생·교사·학부모를 직접 만나 현장의 생생한 목소리를 듣고 우리 교육의 현실을 제대로 이해하려고 했다. 이것이야말로 교육 대전환의 시작이 되어야 한다고 생각했다.

세 교육 주체와의 대담을 마치자 현장의 요구를 반영한 대전환에 시급히 포함해야 할 과제들이 정리되었다. 먼저 교사에게는 교육 과정 편성과 수업 운영 및 평가에 대한 자율권을 대폭 부여하여 교육의 전문성을 제고하도록 해야 한다. 아울러 교사 스스로도 전문성 향상을 위해 전문적 학습 공동체 활동을 강화하고, 변화하는 교육 과정에 부응하기 위해 다교과 역량을 구축해 나가야 한다. 학부모에게는 진정한 주체가 되어 학교 운영에 참여할 수 있는 통로를 확보해 주어야 한다. 학부모가 걱정하는 것은 단지 입시와 성적만이 아니다. 자녀의 건강한 성장, 원활한 사회적 관계, 진로와 행복 등 졸업 이후의 먼 미래까지도 걱정한다. 이에 부응하기 위해 학교에서도 다양한 활동을 통해 학부모가 공교육을 신뢰할 수 있도록 노력해야 한다. 그리고 자녀 교육에 관한 다양한 연수를 통해 학부모 역량 또한 강화해야 한다. 학생에게는 듣고 싶은 교과목을 스스로 선택하도록 하고, 자기의 진로와 적성을 탐색할 수 있는 시간과 기회를 보장해 주어야 한다. 학생이 학교 수업에 흥미를 갖게 하려면 그들이 무엇을 요구하는지, 어떤 내용에 관심이 있는지, 어떤 방법을 좋아하는지 질문하고 대답해 주어야 한다. 학교 교육에 학생이 적극적으로 참여할 수 있는 방법을 찾지 못한다면, 학교는 그들에게 무의미한 공간이 될 수밖에 없다. 지금 학생이 학교 교육을 통해서 자신을 발견하고 꿈을 꾸고 이를 이루기 위한 노력을 기울이고 있는지 면밀히 검토하고, 그렇지 못하다면 대안을 마련해야 한다. 이 모든 변화를 위해서는 경직된 제도를 유연하게 개선해야 한다. 관료제 방식의 학교 운영, 공문 중심의 교육 행정으로는 불가능하다.

　미래가 불확실하다는 것은 한편으로는 위기이지만, 다른 한편으로는 긍정적인 대전환의 기회가 될 수 있다. 준비 없이 맞이하게 되는 미래는 재앙이 될 수 있지만 지금부터 체계적으로 준비해 나간다면 이제껏 해결하지 못한 난제들을 풀 수 있는 좋은 기회가 될 수 있다. 또한 새로운 사회 변화는 교육을 대전환시킬 수 있는 기회라는 점에서 축복이 될 수도 있다. 인간을 둘러싼 모든 것들, 이를테면 사회 제도, 가치, 관습, 문화, 예술, 사상, 교육 등은 인류가 구성하고 축적해 온 것들이다. 그래서 우리는 이 모든 것들을 새롭게 만들고 재구성할 수 있는 가능성도 갖고 있다. 학교 현장으로부터 나오는 다양한 목소리에 귀 기울이며 거대한 구조의 변화에 적극 대응해 나간다면 한층 발전된 새로운 교육 생태계를 창조할 수 있을 것이다.

이제 비판의 언어, 가능성만 따지는 언어를 넘어 대전환의 언어, 실천의 언어를 말해야 한다. 더 이상 주저하지 말아야 한다. 우리 모두 팔을 걷어붙이고 교육 대전환을 위해 함께 길을 나서야 한다. 그 길이 비록 거칠고 험할지라도 우리 모두 함께 두 손 잡고 힘을 합친다면 무엇이 두렵겠는가!

2022년 2월
성기선 씀

대전환 시대, 학교를 말하다

교사, 학생, 학부모가 함께 찾은 미래 교육 키워드

초판 1쇄 발행 • 2022년 2월 11일

대담 진행 • 성기선
대담자 • 고희정, 정희경, 최용우, 김진영, 김태호, 최영인, 김재윤, 신효정, 조현우
펴낸이 • 강일우
책임편집 • 강창호
펴낸곳 • (주)창비교육
등록 • 2014년 6월 20일 제2014-000183호
주소 • 04004 서울특별시 마포구 월드컵로12길 7
전화 • 1833-7247
팩스 • 영업 070-4838-4938 / 편집 02-6949-0953
홈페이지 • www.changbiedu.com
전자우편 • textbook@changbi.com

ⓒ 창비교육 2022

ISBN   979-11-6570-118-5 03370